어쩌다 보니 클래식 애호가, 내 이름은 페르마타

일상의 스펙트럼 06

어쩌다 보니 클래식 애호가, 내 이름은 페르마타

신동욱

산지니

차례

일러두기

1. 인명은 원어명을 병기하였고, 러시아어의 경우 영어로 대체하여 병기하였다.

2. 작품명의 경우, 장르(Symphony, Concerto 등)와 조성(in A major, in B-flat minor 등)은 영어 표기로 통일하되, 표제 음악의 경우 해당 표제는 원어로 병기하였다. 이 경우에도 러시아어는 영어로 대체하였다.

내 이름은 페르마타

서울 모 초등학교에서 교생실습을 하던 때였다. 출근길, 학교 앞 카페에서 커피가 나오기를 기다리고 있는데, 같은 반의 동료 교생 선생님이 카페로 들어오셨다. 선생님과 인사를 나누는 순간 내 커피가 나왔다.

"페르마타 고객님, 준비된 소이라떼 한 잔 드리겠습니다."

그날 수업이 두 개나 있었던 터라 커피를 받고 먼저 출근하기 위해 동료 선생님께 양해를 구하는

데, 선생님이 갑자기 질문을 던졌다.

"선생님, 왜 페르마타예요?"

"사연이 조금 길어요."

시간이 촉박해서 미처 답변을 하지 못한 채 카페를 빠져나왔다. 소문은 금방 퍼졌고, 그날부로 나는 교생 선생님들 사이에서 '페르마타 선생님'이 됐다. 내가 출근하면 동료 선생님들은 이렇게 인사했다.

"어, 페르마타 선생님이다! 페르마타 선생님 안녕하세요."

페르마타는 음악기호로, 순우리말로 옮기면 '늘임표'가 된다. 악보에 표시된 길이보다 두세 배 더 길게 음을 끌어 연주하라는 표시이다. 내 성격에 불만이 있다면, 결과가 빨리 나타나지 않을 때 조급해한다는 것이다. 이러한 경향은 내 자신을 상대로 더 자주 나타난다. 결과가 나올 때까지 스스로를 자꾸만 채찍질하려고 한다. 어느 순간 돌아보니 나로 인해 내 자신이 너무나 힘들어한다는 것을 알게 됐다.

내 삶에도, 내 성격에도 이 늘임표가 꼭 필요했다. '페르마타'라는 단어의 어감도 입에 착 감기니 마음에 쏙 들었다.

그렇게 나는 페르마타가 되었다.

어쩌다 보니 클래식 애호가

부모님은 1995년 11월에 결혼식을 올렸는데, 당시로서는 파격적인 시도를 하셨다. 갓 지어진 인천종합문화예술회관의 야외 광장에서 식을 올린 것이다. 장남인 내가 1996년 11월에 태어났으니 그때는 아직 엄마 뱃속에도 없었을 시기지만, 결혼식이 사랑의 결실을 맺는 상징적인 행사라는 점을 감안했을 때, 나의 가장 근본적인 출발점에는 '문화예술'이 있는 셈이다. 그때 우리 부모님은 아셨을까, 자신들의 선택이 첫 아이의 운명을 결정지을지 말이다.

참 신기하게도, 마치 강물을 거슬러 오르는

연어처럼 어느샌가 나는 클래식 애호가가 되어 있었다.

20대 중반의 나이에 클래식 음악을 찾는 사람은 사실 흔치 않다. 심지어 주위의 나이 많은 어른들 중에도 클래식을 굳이 '찾아서'까지 듣는 사람을 보기는 힘들다.

이러한 이유로 클래식 음악은 내 가장 큰 아이덴티티가 됐다. 야구도 좋아하고 여행 다니는 것도 좋아하지만 나보다 야구를 좋아하는 사람이나 나만큼 여행을 자주 다니는 사람들은 주위에 널려 있다. 하지만 클래식에 관해서라면? 그렇게 흔치는 않은 것 같다.

내가 클래식 음악을 처음 '찾아서' 들은 것은 초등학교도 입학하기 전이었다. 우리 집에는 자그마한 오디오가 있었다. 음반이라고는 이름 모를 음반사에서 나온 30여 장짜리 '클래식 명곡 전집' 뿐이었다.

어린 시절 습관적인 탈장으로 대학병원에서 몇 차례 큰 수술을 받았다. 오랜 병원 생활은 나를 소심한 아이로 만들었다. 유치원조차 갈 수 없었다. 외부 세계에 대한 막연한 두려움 때문이었다.

하루 종일 집에만 있다 보니 어지간히 심심했다. 그렇게 어린 나는 오디오와 놀기 시작했다. 음악을 듣고 싶어서 오디오와 친해진 것은 절대 아니었다. 왜 그랬는지는 잘 모르겠지만 오디오가 CD를 먹는 게 재밌었다. 그래서 30장짜리 CD 전집을 트랙 하나 끝나면 다음 CD로 바꿔 끼우고, 또 트랙 하나 끝나면 바꿔 끼우면서 놀았다.

그렇게 몇 달 집에서 'CD 바꿔 끼우기' 놀이를 하면서 놀다 보니 저절로 트랙 순서가 외워졌다. 지금 그 전집 CD는 어디론가 사라졌지만 트랙 순서는 대충 기억난다. 1번 CD가 비발디(Antonio Vivaldi)의 바이올린 협주곡 〈사계(Concerto for violin 'La Quattro Stagione', Op. 8 Nos. 1-4)〉, 2번이 헨델(George Frideric Handel)의 〈왕궁의 불꽃놀이(Music for the Royal Fireworks, HWV 351)〉와 〈수상음악(Water Music, HWV 348-350)〉, 3번이 바흐(Johann Sebastian Bach)의 〈브란덴부르크 협주곡(Brandenburg Concertos, BWV 1046-1051)〉, 이런 식이었다.

이렇게 자연스럽게 클래식과 친해졌다. 만약 집에 클래식 대신 다른 장르 CD가 있었다면 지금

그 음악에 빠져 있을 것이다. 아직 나이는 어리지만, 그래도 나름 클래식을 20여 년간 듣다 보니, 이 시간들을 몇 가지 구획으로 쪼갤 수 있다.

1기는 앞서 말한 것처럼 전집 CD를 그냥 잡히는 대로 들었던 유년기, 2기는 슈트라우스(Johann Strauß II)의 왈츠나 폴카 등 가벼운 음악에 빠졌던 초등학교와 중학교 시기, 그리고 라흐마니노프(Sergei Vasil'evich Rachmaninov)와 차이콥스키(Pyotr Ilyich Tchaikovsky) 등 러시아 낭만주의 음악에 미쳐 있었던 고등학생 때가 3기쯤 될 것이다.

대학교에 입학하고 나서는 레퍼토리가 급격하게 넓어지기 시작했는데, 학교 바로 앞에 예술의전당이 위치한 덕이 컸다. 이 역시 굳이 시기로 쪼개자면, 4.1기는 브람스(Johannes Brahms), 슈만(Robert Schumann), 멘델스존(Felix Mendelssohn-Bartholdy) 등의 독일 낭만주의 음악을, 4.2기는 비발디와 바흐 등의 바로크 음악을 즐겨 들었던 시기이고, 마지막으로 4.3기는 말러(Gustav Mahler)와 브루크너(Anton Bruckner) 등 후기 낭만주의 교향곡에 빠져 있는 지금이다. 한 작품, 혹은 한 작곡가에 빠지면 깊게 몰입하는 성격이라 이렇게 시기가 깔끔하게 나뉜다.

아쉬운 것은 아직 레퍼토리가 얕다는 것이다. 클래식 라디오나 연주회에서 처음 듣는 작품이 너무 많다. 그래서 일부러라도 악곡의 장르(피아노 소나타나 현악 사중주 같은)와 사조의 스펙트럼을 조금 넓혀 들어보려 노력 중이다. 그렇다고 의무적으로 음악을 듣고 싶은 생각은 없는지라, 좋아하는 작품을 먼저 듣고 곁다리로 끼워 듣는 느낌이다. 다양한 작곡가들의 평전을 읽으면서 레퍼토리가 자연스레 조금씩 늘어나고 있기도 하다.

클래식이 내 아이덴티티가 된 이상, 클래식 음악은 평생 나를 따라다니는 상징이자 취미가 될 것 같다. 아팠던 유년시절의 과거가 나의 가장 큰 자산을 만들어 준 셈이다.

CD 세 장짜리 여행

어렸을 때부터 세상을 보는 눈을 넓혀야 한다며 부모님이 여행을 참 많이 데리고 다니셨다. 그 덕에 눈이 너무 넓어져서 지금은 부모님께 역마살 꼈냐고 잔소리를 듣고는 하지만.

어렸을 적, 아빠 차를 타고 여행을 떠날 때면 꼭 조수 역할은 나의 몫이었다. 조수라기보다는 DJ가 더 적절한 표현일지도 모르겠다. 요즘은 대부분의 차량이 블루투스 기능을 지원하기 때문에 스마트폰을 연결하여 손쉽게 차 안에서 원하는 음악을 들을 수 있지만, 예전에는 차 안에서 음악을 감상하려면 카세트테이프나 CD를 재생해야만

했다.

여행을 떠나기 전 아빠에게 꼭 목적지까지 이동시간을 물어보고는 했다. 한 시간에 CD 한 장이었다. 2시간이면 CD 두 장, 3시간이면 CD 세 장을 챙겼다. 가끔 그보다 이동시간이 조금 길면 CD 여러 장짜리 오페라 음반을 챙겼다. 길이가 긴 한 편의 오페라를 앉은자리에서 한꺼번에 감상하는 데 장거리 여행길만큼 좋은 것이 없다.

덕분에 뒷좌석에 앉은 엄마와 동생은 차에 타면 자동 취침 모드에 들어갔다. 원래도 차만 타면 눈을 스르르 감는 모녀의 귀에 잔잔한 클래식 음악까지 흘려 주면, 차 안은 세상에 둘도 없는 수면실이 되곤 했다.

CD의 숨겨진 기능도 있었다. CD 한 장에 평균적으로 약 60분 분량의 음악이 담겼기 때문에 CD 한 장이 끝나면 대충 한 시간을 달려 온 셈이 된다. 같은 원리로 도로의 정체 수준도 측정할 수 있다. 갈 때는 CD를 두 번 들었는데, 올 때는 세 번 들었다? 그러면 집으로 돌아오는 길에 차가 훨씬 더 많이 막힌 것이다.

문명의 발전으로 세상이 참 편해졌지만, 가끔

은 아날로그 감성이 그리울 때가 있다. 시동만 걸면 차가 자동으로 스마트폰을 인식해서 음악을 재생해 주고, 음악 어플리케이션은 평소 감상 취향을 기반으로 추천 리스트를 만들어 여러 앨범들 속에서 내가 좋아할 만한 트랙을 쏙쏙 뽑아 들려준다. 참 편리하기는 한데, 가끔은 음악을 너무 편식해서 듣는 것이 아닌가 싶기도 하다. 귀에 익숙한 트랙들 사이사이에 끼여 있는 낯선 음악들이 주는 기분 좋은 이질감이 가끔은 그리워질 때가 있다.

베토벤이라 불리던 초딩

초등학교에 들어가서부터 인터넷이 본격적으로 활성화되면서 컴퓨터로 클래식을 찾아 듣기 시작했다. 내가 다니던 초등학교는 '전자 도서관'이라고 해서, 전자책은 물론 클래식 음악 감상 서비스도 제공했다. 방과 후면 도서관 컴퓨터 앞에 앉아 클래식을 들었다. 당시 제일 좋아했던 곡은 슈트라우스의 〈박쥐 서곡(Die Fledermaus: Overture)〉이었다. 거의 하루에 한 번은 들었던 것 같다.

하지만 정작 4학년 때 내 별명은 베토벤(Ludwig van Beethoven)이었다. 그것도 풀 네임으로 '루트비히 판 베토벤'. 이유는, 학기 초에 학급게

시물을 만드는데 거기에는 각자의 장래희망, 좋아하는 음식, 취미, 그리고 '좋아하는 음악' 등을 적어야 했다. 원래였다면 슈트라우스의 음악을 적어 내야 했으나 그 무렵 읽었던 베토벤의 위인전을 보고 너무 강한 인상을 받았던 나머지 나는 당당하게 이렇게 적어냈다.

〈루트비히 판 베토벤 - 교향곡 3번 '영웅'〉

반응은 가히 폭발적이었고, 담임선생님은 그 이후로 나를 루트비히 판 베토벤이라고 부르셨다. 굳이 베토벤을 풀 네임으로 적어 낸 것이 발단이었다.

초등학생 때는 유독 모둠 활동을 많이 했던 것 같다. 모둠 활동에서는 꼭 모둠과 모둠 구호를 같이 정하도록 했다. 활동 그 자체보다도 어려운 작업이었다.

참 소심한 아이였었지만, 다행히도 점점 성격이 나아져서 언제부턴가는 리더 역할도 종종 맡고는 했다. 초등학교 5학년, 선생님께서 한 학기 동안 쓸 모둠의 이름과 구호를 정하라고 하셨다. 다른 친구들과 함께 진지하게 모둠 이름을 고민하는데, 옆 모둠 친구들이 뭐가 그리 재미있는지 낄낄거린다. 곁눈질로 슥 동태를 살피는데 모둠 이름이 '천지창조(組)'란다. 유치한 것 같으면서도 어딘가 괜찮은 이름이다. 무엇보다 개성이 넘치지 않는가.

나도 괜찮은 아이디어가 떠올랐다. '다장조(組)', 구호도 바로 정해졌다. 모둠원이 네 명이니, 각자 다장조의 으뜸화음을 한 음씩 부르는 것이다. 내가 먼저 낮은 '도'를 부르고 있으면, 그 옆의 친구가 '미', 그 다음 친구가 '솔', 마지막 친구가 높은 '도'를 불러 화음을 완성하는 것이다. 마지막으로 넷이 모둠 이름을 크게 외친다. '다장조!'

다른 모둠 친구들이 아직도 모둠 이름 정하기에 혈안일 때 우리 모둠은 이미 구호까지 정해 놓고 여유 있게 다른 모둠들을 기다렸다. 그래도 리더로서 뭔가 한 건 한 것 같아 참 뿌듯한 모둠장이었다.

작명 센스를 발휘할 기회는 성인이 되어 다시 한 번 찾아왔다. 2018년, KBS교향악단은 나를 포함한 아홉 명의 대학생을 '명예 기자단'으로 위촉했다. 각각 세 명씩 세 팀으로 나뉘어 활동하는 방식이었는데, 이번에도 모둠 이름을 정해야 했다. 이번에는 '가장조'였다. 뭔가 '가장' 뛰어날 것 같은 이름임과 동시에, 영어로 번역을 해도 'A Major'로 'Ace'의 'A'에, 심지어 중심에 우뚝 서게 될 것만 같은 'Major'라는 단어까지 들어간다. 만장일치로 내 의견이 통과되었다. 구호는 만들지 않아도 돼서 다행이었다. 절대음감이 없는 내게 라(A)음은 첫 음을 잡기가 너무 힘들기 때문이다.

1악장은 조금 긴데요

22개월 동안 사회복무를 하면서 맡았던 업무 가운데 하나는 부서의 차량을 관리하는 일이었다. 바퀴에 바람이 빠지거나 주유가 필요하거나 점검을 받으러 가야 할 때에는 내가 직접 차를 몰곤 했다. 하루는 어떤 직원이 내 자리로 오더니 "동욱 씨는 음악 취향이 참 확고하네요."라고 말했다. 따로 이야기한 적도 없는데 내가 클래식을 좋아하는 줄 어찌 알았을까 의문도 잠시, 범인은 라디오 주파수였다. 내가 차만 몰고 나갔다 오면 라디오 주파수가 늘 93.1MHz에 맞춰져 있었던 것이다. 내 은밀한 음악 취향이 이렇게 들통나고 말았다.

사실 숨기고 싶은 마음도 없었지만.

클래식 라디오와의 인연이 시작된 것은 고등학생 때이다. 고등학생이 되자 음악을 감상할 수 있는 시간이 급격히 줄어들었다. 학교는 성적이 우수한 학생들을 모아 별도의 자율학습실을 운영했는데, 이를 감독하는 학년부장 선생님은 면학 도중에 이어폰을 사용하지 못하게끔 하셨다. 점차 학생들의 원성이 자자해지자 방학 기간의 자율학습시간에만 특별히 이어폰을 허락하셨는데, 그 무렵 처음으로 클래식 라디오를 듣기 시작했다. 내가 가장 즐겨 듣는 프로그램은 매일 오전 9시부터 11시까지 방송됐던 '장일범의 가정음악'이었다.

유독 공부하기가 싫은 날이었다. 선생님 몰래 핸드폰으로 라디오에 사연을 하나 보냈다. 방학에도 쉬지 못하고 학교에 나와 자율학습을 하고 있는 불쌍한 고등학생을 위해 쇼팽(Frédéric Chopin)의 피아노 협주곡 1번(Piano Concerto No. 1 in E minor, Op. 11) 중 '1악장'을 들려 달라는 내용이었다. 방송이 끝날 때까지 공부는 제쳐 둔 채 라디오에 귀를 기울였으나, 내 사연은 들려오지 않았다. 다음 날, 같은 내용의 사연을 다시 한 번 보냈다.

또 라디오에 귀를 기울였다.

"휴대전화 끝자리 ****번 쓰는 분이……"

내 사연이 채택된 것이다! 심지어 진행자는 어제 내가 같은 내용의 사연을 보낸 것도 이미 파악하고 있었다.

"어제도 같은 사연 보내 주셨죠. 저희가 그래서 미리 준비했습니다. 1악장은 조금 긴데요. 대신 1악장 못지않게 아름다운 선율을 가지고 있는 2악장을 준비했습니다."

이게 무슨 소리인가. 나는 1악장을 듣고 싶었다. 내 마음을 읽었을까. 잠시 장일범 진행자가 제작진과 대화를 주고받더니 희소식을 전해 왔다.

"아, 조금 길어도 괜찮다고 하네요. 그러면 쇼팡(장일범 진행자는 원어 발음이 쇼팽보다 '쇼팡'에 가깝다며 이렇게 발음했다)의 피아노 협주곡 1번 가운데 1악장을 함께 듣겠습니다."

크리스티안 짐머만(Krystian Zimerman)이 협연하면서 직접 지휘까지 한 그 음반, 진행자가 철없는 고등학생에게 선물했던 그 음악을 나는 아직도 잊지 못한다.

재수생의 하루는 거슈윈으로 시작된다

읽고 싶은 책을 빌리기 위해 정말 오랜만에 도서관에 들렀다. 연수청학도서관, 이곳에는 특별한 추억이 서려 있다.

2014년 겨울, 진학하고자 했던 대학에 최종 불합격한 뒤, 그해 12월부터 나는 '재수생'이라는 마음 착잡한 꼬리표를 붙이고 다녀야만 했다. 매일 아침 눈을 뜨는 것부터가 고역이었다. 마치 꿈속이 현실 같고, 내가 살고 있는 현실이 악몽같이 느껴졌다. 매일 아침을 한숨과 함께 시작하기 일쑤였고, 모든 것이, 매 순간이 악몽이었다. 원래는 학원을 다니며 재수를 하려고 했지만, 모아 둔 돈

한 푼 없는 '재수생'이 만만치 않은 학원 등록금을 감당할 수 있을 리 없다. 자존심에 부모님께 손을 벌리기도 싫었던 터라 혼자 도서관에 다니며 독학 재수를 하기로 결심했다.

독학재수를 시작하며 원칙을 하나 세웠다. 무조건 이 열람실에 하루 열세 시간 동안 앉아 있자는 것이었다. 공부가 잘되든, 그렇지 않든 오전 7시부터 오후 10시까지, 중간에 밥 먹는 시간 두 시간을 빼놓고는 열람실 책상 앞에서 절대 일어나지 말자는 스스로의 규칙을 세웠다. 매일 도서관 정문을 통과하는 심정이 얼마나 착잡했는지 모른다. 100석이 넘는 좌석이 있는 넓은 공간이었지만, 저곳에 들어가는 순간부터 세상에는 나 하나뿐이었다.

집에서 버스로 약 30분을 달려 도서관에 도착하는 시간이 보통 오전 6시 50분이었다. 그맘때면 7시 정각에 문이 열리기를 기다리는 나와 비슷한 처지의 공무원 시험 준비생, 재수생 등 열 명 남짓이 도서관 정문 앞에 일렬로 줄을 서 있었다. 잡아주는 사람 하나 없는, 오로지 내 의지력 하나만으로 1년을 버텨 내야 하는 독학재수, 그나마 열 명

남짓의 부지런한 학습자들과 소리 없이 짧은 눈길로 하는 출석체크가 매일 아침 나를 침대에서 일으키는 원동력이 됐다.

반복되는 일상 속 언제부턴가 내게는 하나의 루틴이 생겼다. 집 문을 나서는 순간부터 도서관 정문 앞에 줄을 서기까지 거슈윈(George Gershwin)의 피아노 협주곡 F장조(Concerto in F)를 듣는 것이었다. 공부를 시작하고 얼마 되지 않은 3월 무렵, 우연히 거슈윈의 이 작품에 완전히 꽂혀 버렸다. 매일 몇 번은 반복해서 들을 정도였다. 아침을 여는 음악도 당연히 거슈윈의 차지가 됐다. 클래식과 재즈 사이 어딘가에 놓여 있는, 신나고 활기찬 느낌을 주는 이 작품과 함께 하루를 시작하면 뭔가 모르게 그날 공부도 더 잘되는 듯한 느낌이었다. 이후 관심이 조금 시들었지만, 매일 아침 거슈윈의 피아노 협주곡을 듣는 루틴만큼은 1년 동안의 공부가 끝날 때까지 계속 이어졌다. 작품의 길이도 30분 남짓인 것이, 도서관으로 이동하는 시간과도 대충 맞아떨어졌다.

문득 몇 해 전의 기억이 떠올라 내가 공부했던, 밥을 먹었던 곳들을 아무 목적 없이 그냥 서성였다. 열람실에서 축 늘어진 모습으로 점심식사를 하러 나오는 사람들의 모습을 보며 예전의 나를 떠올렸다. 잠시 앉아서 쉬던 테라스의 벤치, 밥을 먹던 테이블, 인터넷 강의를 듣던 컴퓨터 앞에 괜히 앉아 보았다(정작 열람실 안에는 못 들어가 봤다. 도저히 들어갈 수가 없었다).

자주 끼니를 때우고는 했던 도서관 앞 편의점도 그대로 있었다. 수시로 사 먹었던 바나나맛 우유를 하나 들고 편의점 테라스의 플라스틱 의자에 앉았다. 시선은 도서관 정문을 향했고, 이어폰 너머로는 거슈윈의 협주곡이 들렸다. 그 나날들이 나에게는 하나의 커다란 도전이었고, 지금 돌이켜 보면 너무나도 감사한 시간들이었다. 그렇게 작은 동네 도서관에서의 1년과 거슈윈은 내게 추억으로 남았다.

이건 만 원이야

나는 무언가 수집하는 것을 굉장히 좋아한다. 아주 잠깐이기는 했지만 어렸을 때에는 우표를 수집한 적도 있었다. 지금도 카페에 가면 꼭 여분의 종이컵 홀더를 한 개씩 챙겨 와서 책장 한편에 모아 둔다. 또, 원체 비행기 타는 것을 좋아하는지라 어느 때부터는 비행기 모형도 수집하기 시작했다. 그리고 당연히, 클래식 음악 음반도 수집한다. 원래는 CD 음반만 모으다가 언젠가부터 LP 음반을 모으기 시작했다. 심지어 그때는 턴테이블도 없었다. 얼마 전에는 한참을 고민하다가 중저가의 턴테이블을 하나 장만했다.

LP 음반은 최근에 거의 발매가 되지 않다 보니, 중고 판을 구매해서 듣는 수밖에 없다. 회현역 지하상가나 인천의 배다리 거리에서 종종 판을 사고는 한다. LP 쇼핑을 한 번 하러 가면 최소 몇 만 원은 족히 쓰기 때문에 쇼핑 횟수를 한 달에 한 번 정도로 제한하는 편이다. 아니면 아예 예산을 정해 놓고 그 이상은 절대 쓰지 말자고 굳게 다짐하고 갈 필요가 있다.

판을 사 오면 반드시 먼저 청소 작업을 해야 한다. 특히 혹독한 발굴 작업을 통해 데려온 판은 먼지가 더 많이 쌓여 있을 확률이 높다. 넓은 수채화 붓으로 한 번 긁어낸 다음에 차가운 헤어드라이어 바람으로 먼지를 날리고, 물기가 살짝 묻은 천으로 가볍게 문지른 뒤에 마른 행주로 물기를 닦는다. 그러고는, 처음부터 끝까지 쭉 재생해 준다. 혹시 먼지 같은 것이 아직 남아 있어서 판이 튀면 먼지를 제거해 준다. 그래서 판을 사 온 날은 강제로 하루 종일 음악을 감상해야 한다.

가끔 발굴해 온 LP 케이스 안에서 과거의 흔적들이 나오기도 한다. 발송 유효기간이 1979년에 끝난 우편엽서가 나오는가 하면, 음반 케이스

뒷면에 누군가가 친절하게 트랙 순서가 잘못 기재되어 있으니 참고하라는 친절한 메모를 남긴 것을 발견한 적도 있다.

아무래도 중고 음반이다 보니, 가격은 사장님 마음대로인 경우가 많다. 내 단골 음반매장 사장님은 사실 어떤 클래식 음반이 좋은 것인지 잘 모른다며 보통 장당 5천 원에 가져가라고 하는데, 가끔은 추가요금을 받는 경우도 있다. 중고 음반은 이미 비닐포장이 개봉된 것들이 대부분이다. 그런데 가끔 아직 비닐포장이 뜯기지 않은 음반들도 있다. 표지가 햇빛에 노출돼 누렇게 바래기는 했지만 알맹이는 아직 새것인 셈이다. 이런 경우에 사장님은 보통 추가금을 요구하신다. 그래서 나는 이 '낡았지만 새것인 음반'을 다른 음반들 사이에 슬쩍 끼워 넣어서 함께 계산을 부탁하고는 한다. 이렇게 하면 운 좋게 추가요금 없이 넘어가는 경우도 생긴다(알면서도 넘어가 주는 것일지도 모르겠다).

여느 날과 마찬가지로 미개봉 음반을 발견한 날이었다. 그날도 운 좋게 넘어가나 했는데 딱 걸렸다.

"이건 만 원이야"

'에이, 걸렸네.' 하고 오천 원을 더 내려는데 과금 이유가 내가 생각한 것과는 달랐다.

"이거 정경화잖아. 정경화는 만 원."

클래식은 잘 모른다면서 어떻게 정경화는 잘 아셨던 모양이다. 포장도 안 뜯긴, 새 음반이라는 것도 알았다면 만 오천 원을 받으셨을지도 모르겠다.

미개봉 음반의 좋은 점은, 귀찮은 청소 작업을 생략해도 된다는 것이다. 티끌 하나 묻지 않은 반질반질한 음반 표면을 괜히 손끝으로 부드럽게 한 번 훑어보고는 턴테이블 위에 올렸다. 정경화와 그녀의 환상의 짝꿍 샤를 뒤투아(Charles Dutoit)*가 지휘하는 몬트리올 심포니 오케스트라

---

* 스위스 출신의 지휘자로, 1977년부터 2002년까지 몬트리올 심포니 오케스트라의 음악감독을 맡았다.

(Orchestre symphonique de Montréal)의 차이콥스키 바이올린 협주곡(Violin converto in D major, Op. 35), 그리고 멘델스존 바이올린 협주곡(Violin Concerto in E minor, Op. 64)이 담긴 음반이었다.

이 음반이 발매된 1981년이면 바이올리니스트 정경화가 최고 전성기를 누렸을 때이다. 국내 아티스트로는 최초로 국제적인 명성을 얻은 전설적인 연주자의 전성기 시절 연주를 영원히 간직할 수 있게 된 셈이다.

사실 기대했던 것에 비해 음반 상태는 좋지 않았다. 그동안 열에 노출됐던 탓인지 음색이 맑지 않았다. 그러나 그 혼탁한 음질 속에서도 협연하는 솔로 바이올린의 소리만큼은 청아하고, 또 우아했다. 참 신기한 경험이었다. 재생할 때마다, 시간의 흐름에 따라 점점 음색이 변해 가는 것. 어떻게 보면 LP 음반의 단점이지만, 반대로 생각하면 이것이야말로 LP 음반만이 갖는 매력이 아닐까 싶다.

단언컨대 가장 완벽한 음악

클래식 음악에도 여러 가지 장르가 있다. 극음악인 오페라나 발레곡, 혹은 성악가가 부르는 가곡(Lied) 등을 제외한 순수 기악음악만 하더라도 한 사람이 연주하는 독주곡, 삼중주(Trio)부터 육중주(Sextet), 팔중주(Octet)까지 다양한 편성이 있는 실내악곡, 수십 대에서 시작해 백 대가 넘는 악기로 구성된 관현악단이 연주하는 대규모 악곡인 교향곡, 한 대 이상의 협주악기와 오케스트라의 찰떡같은 호흡을 요하는 협주곡 등 그 종류가 천차만별이다.

그중 교향곡은 지난 300여 년 동안 가장 극

적인 성장을 겪어 온 장르이다. 오페라 공연을 시작하기 전, 관객들의 주의를 환기시키기 위한 '서곡' 격으로 출발했던 부속악곡 '신포니아(Sinfonia)'는 카를 필리프 에마누엘 바흐(Carl Philipp Emanuel Bach)*를 시작으로 하이든(Franz Joseph Haydn), 베토벤, 브람스 등 걸출한 작곡가들의 손길을 거쳐 가장 견고하고 완벽한 하나의 독립된 음악 장르로 진화했다. 바이올린 소리의 깊이를 키워 주는 보조 역할에 머물렀던 첼로와 콘트라베이스 등의 악기들에 점차 자신들만의 독립된 역할이 주어졌고, 목관악기와 금관악기도 그 종류가 늘어났으며, 악곡의 형식 또한 점차 견고하게 다져졌다. 연주회의 변두리에서 어느덧 음악의 중심이자 주인공으로 성장한 것이다.

음악을 형식의 예술이라고 생각하는 입장에서, 교향곡은 기승전결이 가장 확실한 음악이기도 하다. 종종 예외가 있지만, 대부분의 교향곡은 네 개의 악장으로 구성된다. 그중 첫 번째 악장과 마지막 악장은 대개 소나타 형식을 따른다. 처음

---

* 요한 제바스티안 바흐의 아들

에 두어 개의 주제 악상을 제시하고, 이를 발전시키고, 다시금 주제 악상이 재현되는 방식이다. 그리고 이 두 악장 사이에 보통 느린 악장이 하나, 또 스케르초, 미뉴에트 등의 무곡 악장이 하나 끼어든다. 즉, 교향곡 한 작품을 감상함으로써 가장 고차원적이면서도 견고한 음악의 형식들을 모두 만나볼 수 있는 것이다. 따라서 교향곡은 안정감과 다채로움을 동시에 잡을 수 있는 가장 완벽한 구조의 음악이라고도 할 수 있다.

그 견고한 형식 속에는 무수히 많은 악기들과 수많은 연주자들, 또 환희와 사랑, 추억과 전통, 역사와 혁신 등의 의미와 사상들이 담겨 있다. 연주회장에 앉아 교향곡을 감상할 때면 자연히 드는 생각이 있다.

단언컨대, 교향곡은 가장 완벽한 음악이다.

우리는 축복받은 청중이다

종종 대형 공연 기획사의 주관으로 해외 유명 악단의 내한 공연이 열린다. 세계적인 명성을 지닌 악단의 공연을 우리나라에서 볼 수 있는 흔치 않은 기회이지만, 학생인 내게는 티켓 값이 굉장히 부담스러운 수준으로 책정되고는 한다. 좋은 좌석의 경우 내 한 달 생활비를 훌쩍 넘기는 경우도 있다. '한번 가 볼까?' 싶다가도 이내 포기하고 만다. 나는 청각이 그리 예민하지 못한, 소위 '막귀'다. 그래서 유명악단의 소리가 얼마나 다르게 들릴지에 대한 확신이 서지도 않거니와, 정말 그 악단의 음악을 감상하고 싶다면 돈을 조금 더 보태어 직접 비행기를 타고 그들의 상주(常住) 공연장으로 날아가 공연을 관람하는 것이 옳다는 생각도 든다.

그래서 유독 국내의 시·도립 교향악단들에 애착이 많이 간다. 시·도립 교향악단이 만들어내는 음악은 가장 가까운 곳에서 만날 수 있는 가장 뜻깊은 음악이다. 그들은 오로지 시·도민을 위해 존재한다. 어찌 보면 우리는 모두 축복 받은 청중인 셈이다. 마음만 먹으면, 최소 한 달에 한 번씩은 각 지역의 교향악단이 마련한 연주회를 감상할 수 있다. 한 가지 안타까운 점은, 이 좋은 것을 모르는 사람들이 내 주위에 너무나도 많다는 것이다. 가까운 것의 소중함을 잃기 쉽다 했던가. 오히려 시·도립 교향악단의 공연을 여타 악단들과 비교하며 깎아내리는 사람들마저 볼 수 있다. 지방 악단이라 실력이 떨어진다나.

이 소중함을 알리고, 더 많은 사람들이 각자의 지역에서 열리는 연주회에 가는 기쁨을 느끼도록 하는 데 조금이라도 이바지하기 위해, 요즘은 전국 팔도의 교향악단 공연을 직접 다니며 생생한 후기를 남기는 일종의 챌린지를 진행하고 있다.

아직 교향악단 순례를 완전히 마치지는 못했지만 이것 하나는 확실하다. '지방 악단이라 실력이 떨어진다?' 정말 말도 안 되는 소리다.

관객의 톤앤매너

연주회 전에는 반드시 여유 있게 공연장에 도착해야 한다. 특히 그곳이 난생처음 가 보는 홀이라면 더더욱 그렇다. 생각보다 공연장은 많은 것을 이야기해 준다. 공연장의 생김새는 그곳에 상주하는 오케스트라의 많은 것을 좌우한다. 무대의 크기나 모양, 소리울림의 정도가 악단의 배치나 레퍼토리마저도 바꿀 수 있다. 이 때문에 나는 그 악단의 상주 공연장에서 하는 공연을 관람하기 좋아한다. 이미 수십 년에 걸쳐 길들여진 상주 공연장에서의 공연이야말로 그 악단의 본모습을 볼 수 있고, 가장 훌륭한 음악을 감상할 수 있는 기회이다.

우리나라에 있는 대부분의 종합 공연장들은 액자식인 프로시니엄(Proscenium) 무대이다. 하나의 무대에 연주회, 뮤지컬, 심지어 오페라까지도 올릴 수 있지만, 음이 액자 안에 갇혀 있는 느낌을 준다는 단점도 있다. 비교적 최근에 지어진 콘서트 전용 연주회장 가운데 롯데콘서트홀은 빈야드(Vineyard) 스타일*로, 홀 중앙의 무대를 중심으로 소리가 균등하게 넓게 퍼지는 효과를 준다. 대구시립교향악단의 정기연주회가 열리는 대구콘서트하우스는 네모반듯한, 국내의 대표적인 슈박스(Shoe Box) 홀**이다. 빈야드 홀에 비해 겉모습은 다소 투박하게 보일 수 있지만, 소리울림의 정도가 적당해서 음이 매우 맑게 들린다.

다만, 홀이 좋다고 해서 무조건 훌륭한 연주가 나오는 것은 아니다. 사실 홀의 울림보다는 연주자의 해석이나 역량이 완성도에 훨씬 큰 영향을 미친다. 물론, 여기에 공연장의 음향까지 좋으면

---

* 포도밭과 같이 무대를 중앙에 두고 객석이 사방으로 뻗어 있는 형태의 공연장

** 마치 신발 상자와 같은 직육면체 모양의 공연장

단연 금상첨화일 것이다.

코로나 사태 이후 연주회장의 풍경도 너무나 많이 변했다. 공연장 입구서부터 공항을 방불케 하는 검역 절차를 통과해야만 한다. 체온을 측정하고, 문진표를 작성하고, 티켓도 관람자가 직접 반을 찢어 통에 넣어야 한다. 종종 공연이 끝난 뒤 공연장 로비에서 열리고는 했던 아티스트의 사인회도 이제는 찾아볼 수 없다. 공연장에 들어가서도 띄엄띄엄 앉아야 한다. 양옆으로 한 칸씩, 또 앞뒤로 한 줄씩 기본적으로 띄어 앉는 경우가 대부분이다.

악기와 직접 입을 접촉해야 하는 관악기 주자들을 제외하고는 연주자와 지휘자들도 마스크를 착용한다. 보통 두 명의 현악기 연주자가 함께 쓰는 보면대도 요즘은 한 사람당 하나씩 쓰는 추세다. 목소리가 악기인 성악가들의 무대에는 성악가와 연주자들, 그리고 관객들 사이의 감염을 막기 위해 무대와 가까운 좌석들을 비워 두는 것뿐만 아니라 가림막을 설치하는 경우도 있다. 이는 음이 퍼져 나가는 데 직접적인 방해를 초래하지만 감염을 예방하기 위해서는 다른 방도가 없다.

무엇보다도 자신을 바라보는 수많은 관중들의 시선과 박수소리를 먹고 사는 연주자들이 듬성듬성 앉아 있는 관객들을 보고는 지레 힘이 빠질까 우려된다. 모두가 힘든 지금이지만, 특히 아티스트들에게는 너무나도 가혹한 시간이다.

악보를 사수하라

연주회에 가기 전에 항상 하는 작업이 있다. 총보를 펴 들고 미리 악곡을 한 차례 예습하는 것이다. 특히, 블로그에 공연 감상 리뷰를 쓰기 시작한 이후부터는 이러한 예습이 더욱 철저하고 꼼꼼해졌다. 악보를 펼쳐 들고, 쓰인 형식에 따라 악보를 여러 구획으로 쪼갠다. 소나타 형식이라면 제1주제와 제2주제를 찾고, 경과구를 찾고, 또 재현부가 언제 돌아오는지 등을 찾는다. 요즘 들어서는 조성이나 박자, 혹은 셈여림이 변하는 구역을 찾고 그 연계성도 파악해 보려 노력하고 있다. 이렇게 악곡을 분석적으로 들으면 작품을 쉽게 잊어

버리지 않는다.

특히나 공연 감상 리뷰를 쓰기 위해서는 악보가 반드시 필요하다. 교향악과 같이 여러 가지의 악기들이 한데 모여 소리를 내는 대규모 악곡은 악보를 보지 않으면 종종 어떤 악기들이 소리를 내고 있는지 한눈에 보이지 않는 경우가 있다. 또 오보에와 클라리넷처럼 같은 군에 속하는 악기들을 헷갈려 하는 경우도 종종 생긴다. 클라리넷이 주도하는 특정 선율을 들어 놓고 착각하여 '오보에의 우아한 선율이 인상적이었다.'는 리뷰를 쓴다면 이보다 난처한 일이 있을 수가 없을 것이다.

악보를 미리 읽어 보면 어느 부분에 주목해서 음악을 감상할지 미리 계획을 세울 수도 있다. 이 때에는 여러 버전의 음원을 통해 악곡을 미리 들어 보는 것이 큰 도움이 된다. 특히나 음원들의 해석이 여러 가지로 갈리는 대목일 경우 미리 악보에 표시를 해 놓은 뒤, 연주회를 감상하며 이를 비교해 보는 것도 재미있다. 한 번도 들어 보지 못한 독특한 해석을 만나게 될지도 모르는 일이다.

음악을 듣다 보면 언제 어떤 대목에서 어떠한 감상이 발생할지 모른다. 순간의 감상을 빨리 잡아 놓지 않으면 금방 날아가 버린다. 음악은 시간예술이기 때문에 미술 등의 공간예술과는 달리 녹음을 하지 않는 이상(당연히 해서는 안 된다) 다시는 같은 연주를 들을 수 없다. 따라서 연주를 감상하며 악보를 함께 펼쳐 놓고 악곡의 흐름을 따라가야 한다. 그래야 순간의 감상이 발생했을 때 재빨리 악보에 메모를 할 수 있다. 악보가 없으면, 리뷰에 실을 수 있는 소중한 나의 감상이 사라져 버리고 마는 것이다.

최근에는 아예 교향악 총보 전집을 구입했다. 이 과정도 순탄치만은 않았다. 교향악 악보를 찾는 사람이 많지 않아서인지 이 전집은 이미 몇 해 전에 절판되어서 중고제품을 구하는 것이 아니고서는 방법이 없었다. 다행히도 인터넷 중고 거래 카페에 매물이 있었고, 긴 가격 흥정 끝에 합리적인 가격으로 170권의 총보 전집을 구할 수 있었다.

대부분의 클래식 악보들은 저작권이 만료된 것들이기 때문에 IMSLP(International Music Score Library Project, 국제 악보 도서관 프로젝트)라는 사이트에서 무료로 다운로드 할 수 있다. 악보 읽기에 익숙지 않다면 우선 총보를 펼쳐 놓고 음악을 감상하면서 어느 악기가 멜로디를 연주하고 있는지 파악해 보면 도움이 된다. 멜로디에 동그라미를 그려 놓고 조금 익숙해지면 시야를 넓혀 다른 악기들의 악보도 함께 읽어 보자.

절판된 악보를 구했을 때의 기쁨이란

앞에 서술했듯 대부분의 클래식 악보는 이미 저작권이 소멸된 것들이어서 인터넷에서 쉽게 다운로드 할 수 있지만, 나는 웬만하면 정식으로 출판된 악보를 사려고 노력한다. 특히나 수집을 좋아하는 나로서는 악보도 하나의 수집 대상이 된다.

서울 청계천 거리부터 부산 보수동, 동인천 배다리까지 근처에 볼일이 있다면 빼놓지 않고 헌책방에 들른다. 어느 곳을 가더라도 악보는 참 구하기가 힘들다. 매물이 많지 않은 탓이다. 그래도 종종 수확물을 건질 때가 있다. 음악 서적들이 모여 있는 책꽂이 구석에서 베를리오즈(Hector Berlioz)의 〈환상교향곡(Symphonic fantastique, Op. 14)〉 총보를 구한 적도 있고, 질서 없이 높이 쌓아올려져 있는 책 더미에서 아주 오래된 바흐의 〈평균율 클라비어 곡집(Das Wohltemperierte Klavier, BWV 846-893)〉 악보를 발견한 적도 있다. 이럴 때면 황무지에서 보석 덩어리를 발견한 것과 같이 짜릿한 심정이 되고는 한다.

특히나 내가 직접 연주할 작품이라면 수집의 필요성은 더욱 커진다. 라흐마니노프의 〈악흥의 순간(Six moments musicaux, Op. 16)〉 중 4번 작품을 연주하리라 마음을 먹은 그날도 당연히 악보를 구하기 위해 서점 이곳저곳을 헤매었다. 그런데 이미 절판이 되고 더 이상 출간이 되지 않는다는 것이 아닌가. 라흐마니노프의 악흥의 순간은 연주회에서도 심심치 않게 만날 수 있을 정도로 대중적인 레퍼토리인데 왜 절판이 되었는지 도저히 이해가 되지 않았다.

중고물품을 거래하는 인터넷 카페도 찾아보고, 클래식 커뮤니티 사이트도 찾아봤는데 도저히 매물을 찾을 수가 없었다. 그런데 이게 웬일인가,

며칠을 헤매다가 결국 중고 서점에서 어렵사리 그 악보를 구한 것이다. 그 순간의 기쁨은 차마 말로 표현할 수가 없다. 장난감을 갖고 싶었던 아이가 그것을 얻은 마음, 그보다 더 순수하게 기뻤다고 해야 할 것이다.

프로그램에도 궁합이 있다

보통의 교향악 연주회는 서곡-협주곡-중간휴식-교향곡의 흐름으로 짜인다. 협주곡의 길이가 길면 서곡이 생략되는 경우도 종종 있고, 교향곡의 길이가 길면 아예 교향곡 한 곡만을 연주하는 때도 있다.

별로 관계없는 별개의 작품들로 프로그램을 짤 수도 있지만, 하나의 프로그램 안에 연계성이 생기면, 그 연주회는 관객들의 뇌리에 더욱 쉽게 각인된다. 프로그램에도 궁합이 있는 셈이다. 가장 기본적인 조합은 같은 작곡가의 작품들로만 프로그램을 짜는 것이다. 차이콥스키의 피아노 협주곡 1번(Piano Concerto No. 1 in B-flat minor, Op. 23)과 교향곡 6번 〈비창(Symphony No. 6 in B minor, Op. 74 'Pathétique')〉을 연주하는 식이다. 또는 비슷한 시기에 활동했던, 즉 같은 사조에 해당하는 작곡가들의 작품을 엮는 경우도 굉장히 많다. 모차르트(Wolfgang Amadeus Monzart)의 신포니아 콘체르탄테(Sinfonia Concertante)와 베토벤의 교향곡을 연주하는 식이다.

작곡가의 출신지도 좋은 연계점이 된다. 유년시절의 성장환경이 한 사람의 성격이나 사상에 지대한 영향을 끼친다는 점으로 미루어 볼 때, 그리그(Edvard Grieg)의 피아노 협주곡(Piano Concerto in A minor, Op. 16)과 시벨리우스(Jean Sibelius)*의 교향곡이 괜히 함께 연주되는 것이 아니라는 것을 깨달을 수 있다. 두 시간여의 연주회를 통해 마치 북유럽에라도 다녀온 것 같은 음악여행이 되는 신기한 경험을 하게 되는 것이다.

아예 상극에 있는 작품을 한데 엮음으로써 궁

---

* 그리그와 시벨리우스는 각자의 조국 노르웨이와 핀란드를 대표하는 민족주의 음악가들이다.

합을 맞추는 경우도 있다. 차이콥스키의 작품과 림스키코르사코프(Nikolai Rimsky-Korsakov)*의 작품을 묶거나, 리스트(Franz Liszt)의 피아노 협주곡과 브람스의 교향곡을 엮는 것이다.** 이와 같이 양극단에 놓인 음악을 한자리에 앉아 감상함으로써 관객들은 묘한 낯섦에서 오는 재미를 경험할 수 있는 것이다.

이러한 프로그램 궁합에 화룡점정을 찍을 수 있는 비밀 무기가 있으니, 바로 앙코르 곡이다. 어떤 작품을 연주할지 관객들에게 사전 공개가 되지 않기 때문에 관객들은 어떤 곡이 연주될지 알 수 없다. 따라서 '깜짝 연주'에 해당하는 앙코르 곡의

---

* 림스키코르사코프가 속한 상트페테르부르크의 5인조 음악가(발라키레프Mily Alexeyevich Balakirev, 보로딘Alexander Porfiryevich Borodin, 큐이César Antonovich Cui, 무소르그스키Modest Petrovich Mussorgsky, 림스키코르사코프)와 차이콥스키는 음악적인 면에서 대척점 위치에 있다. 전자가 철저히 러시아 민족주의적인 관점에서 음악을 대했다면, 후자는 서방의 음악 양식을 적극적으로 수용했다.

** 19세기 말, 바그너(Richard Wagner)를 위시한 신독일 악파와 브람스를 중심으로 한 보수적인 악파의 대립은 극에 달했다. 교향시(tone poem) 장르의 창시자이기도 한 리스트는 신독일 악파의 핵심 작곡가 중 하나이다.

감상은 앞서 연주된 작품들과 연계되어 더욱 강하게 뇌리에 박히게 된다.

만약 차이콥스키의 비창 교향곡이 끝난 직후, 앙코르 곡으로 슈트라우스의 신나는 비엔나 왈츠가 연주됐다면, 그 연주회를 감히 잊을 수 있겠는가?

하우스 룰을 존중해 주세요!

우리나라의 연주회장은 유독 사진 촬영에 박하다. 아직 공연이 시작되기도 전이건만, 공연장의 모습을 사진으로 담기 위해 스마트폰을 슬쩍 들어 올리는 순간, 하우스 어텐던트의 단호한 제지가 뒤따라온다(보통 이런 시도를 하시는 분들이 연주회장에 처음 와 보는 분들임을 고려할 때, 조금 부드럽게 봐줘도 되지 않을까 싶다). 훨씬 오래된, 플래시 불빛에 더욱 취약한 외국의 공연장이나 극장들도 공연 도중만 아니라면 사진 촬영을 금지하지 않는데 왜 유독 우리나라만 이런 문화가 자리 잡혔나 싶다. 하지만 로마에 가면 로마법을 따르라고 했다.

규칙은 규칙이다. 우리는 그 공연장의 하우스 룰을 존중해야 한다.

공연 관람 후기를 블로그에 작성하는 나로서는 생생한 사진을 담기 위해 약간의 음향 손해를 감수하고 무대와 가까운 좌석에 앉기를 선호하는 편이다(공연장에서 음향이 가장 좋은 구역은 무대와 적당히 거리가 떨어진 구역이다. 보통 해당 구역의 티켓 값이 가장 비싸다). 연주 도중에는 당연히 사진을 찍지 않고, 공연이 다 끝난 후, 커튼콜 시간에 열심히 스마트폰 카메라로 사진을 찍는다. 그런데 한 번은 하우스 어텐던트에게 제지를 당했다.

"사진 촬영 안 됩니다!"

"커튼콜인데도요?"

"네, 안 됩니다!"

커튼콜 시간에도 사진을 못 찍게 하는 공연장은 처음이었다. 혹시나 그 하우스 어텐던트가 룰을 잘못 숙지하고 있던 것이 아닌가 싶어 공연장을 나가면서 다른 어텐던트에게 물었더니, 그 공연장에서는 원래 커튼콜 시간에도 사진 촬영이 안 된다고 했다. 이 일이 있은 후에는 하우스 입장을 하기 위해 표를 제시하면서 꼭 어텐던트에게 물어본다.

"커튼콜 때 사진 촬영이 가능한가요?"

그 이후로 한 번도 커튼콜 촬영을 제지당해 본 적은 없지만, 혹시나 안 되는 경우가 또 있을까 봐서다. 좋은 음악 들으러 와서, 괜히 서로 얼굴 붉힐 필요는 없지 않겠는가.

차마 댓글을 달지 않을 수 없는 후기

공연을 한 편 보고 올 때마다 반드시 블로그에 후기를 올린다. 후기를 쓸 때에는 몇 가지 원칙이 있다.

첫 번째는 공연을 보고 난 후 24시간 이내에 쓰는 것이다. 시간 예술인 음악은 아무래도 그 감상이 쉽게 머릿속에서 휘발되어 버린다. 게다가 연주회에서 실연을 감상한 것이기 때문에 그 음악을 음반을 듣듯이 다시 꺼내 들어 볼 수도 없다. 내가 연주회에 갈 때마다 악보를 가져가서 순간순간의 감상을 재빨리 메모하는 이유이기도 하다.

두 번째는 나만의 시선으로 작품을 바라보고,

이와 관련된 이야기를 후기에 반드시 한 문장 이상 포함하는 것이다. 온라인상에는 이미 많은 사람들이 나와 같은 공연을 보고 와서 쓴 후기들이 있다. 사람들이 굳이 내 글을 클릭하여 읽을 이유가 있어야 한다. 가장 좋은 것은 나만의 시선으로, 즉 나밖에 볼 수 없는 시선으로 그 작품과 연주를 통찰하는 것이다.

세 번째는 아티스트들에 대한 존중의 태도를 지니는 것이다. 내가 관람한 공연의 아티스트들은 대부분이 이미 대중들과 전문가들에게 그 역량을 인정받은 프로들이다. 기대치가 높다고 해서 그들의 기본적인 역량을 무시해서는 안 된다. 그 경지에는 아무나 오를 수 있는 것이 아니기 때문이다. 음악이라는 예술의 한 장르에서 무엇이 옳고 무엇이 그른지를 단정하여 말할 수 있는 사람은 없다. 애초에 정답이 없기 때문이다. 특히나 해석의 차이를 논할 때는 이 점에 더욱 유의해야 한다. 따라서 같은 문장을 쓸 때에도 '당김음 처리를 했어야 한다.'와 같은 단호한 어투가 아닌 '조금 더 적극적으로 당김음 처리를 했으면 어땠을까?'처럼 제안하는 표현을 사용하고는 한다.

여러 해 동안 후기를 올리다 보니 참 여러 가지 일들을 겪었다. '이 부분은 공감하기 힘들다'며 아티스트에게 직접 전화로 항의를 받아 본 적도 있고, 내가 '몇 월 며칠, 이 공연에 갈 예정이다'라고 올린 글을 본 한 지휘자 선생님이 '날짜가 잘못됐다'며 정정해 주신 일도 있었다.

한 번은 연주에 참여했던 교향악단의 단원이 장문의 댓글을 달아 준 적도 있다. 차마 댓글을 달지 않을 수가 없었다며, 정성 어린 후기에 너무 감사하다고 말이다. 가장 큰 힘이 되는 것은, 온라인 이웃들의 댓글이다. 가까운 곳, 먼 곳 가리지 않고 공연을 보러 다니는 열정에 감동했다는 칭찬이나 자신도 같은 공연을 보러 다녀왔는데 비슷한 감상을 느꼈다는 공감의 댓글 모두 정말 큰 힘이 된다.

사실 블로그에 후기를 쓰기 시작한 것은 공연을 보고 난 후의 감상을 잊어버리지 않고 남겨 두기 위해, 즉 스스로의 만족 때문이었다. 근데 지금은 오히려 후기를 쓰면서 내가 더 큰 힘을 받고 있다.

이게 바로, '차마 댓글을 달지 않을 수 없는 후

기'를 만들기 위해 내가 오늘도 노력하고 있는 이유다.

음악 속 음악

낯선 음악 속에서 들려오는 익숙한 선율은 가뭄의 단비 같은 반가운 선물이다. 오페라 〈나비 부인(Madama Butterfly)〉을 처음 본 날이었다. 분명 일본을 배경으로 하는 오페라인데, 갑자기 미국 국가(The Star-Spangled Banner)의 선율이 들려오는 것이 아닌가. 알고 보니 미국 해군 중위 핑커톤과 그의 친구 샤플레스 영사가 먼 타지에서 자신의 조국을 축복하는 장면이었다. 심지어 이 대목은 가사 마저도 영어다. "America forever!"

프로이센을 필두로 점차 반(反)나폴레옹 세력

이 유럽에서 강해지고 있던 1813년, 황궁 카펠마이스터 베토벤은 자선음악회에서 〈웰링턴의 승리(Wellingtons Sieg oder die Schlacht bei Vittoria, Op. 91)〉*를 발표한다. 이 작품에는 대포를 상징하는 큰북, 소총 소리를 내는 '라쳇(Ratchet)', 그리고 다양한 음악 조각들이 들어갔다. 〈지배하라 영국(Rule Britannia)〉, 〈신이여, 여왕을 지키소서(God, Save the Queen)〉 등의 익숙한 선율이 들려오기도 한다. 덕분에 이 작품은 영국에서도 큰 반향을 일으켰다.

말러의 교향곡 3번(Symphony No. 3 in D minor) 앞머리에서는 교향악 애호가라면 어디선가 많이 들어 봤을 익숙한 선율이 들려온다. 완전히 일치하지는 않지만, 브람스의 교향곡 1번(Symphony No. 1 in C minor, Op. 68) 중 4악장에 등장하는 마지막 대목(Allegro non troppo, ma con brio)을 단조로 변

---

* 나폴레옹 전쟁 당시 웰링턴이 이끄는 7만 명의 영국, 스페인, 포르투갈 연합군이 1813년 6월 21일 스페인 북서부 바스크 지방 비토리아의 비토리아 전투에서 조제프 보나파르트(나폴레옹 1세의 친형)가 지휘하는 6만 프랑스 병력을 격파했다는 사실을 소재로 하는 약 15분짜리 관현악곡이다.

형한 응용 선율이다. 이는 말러와 브람스의 돈독한 관계를 보여주는 단서이기도 하다. 말러는 분명 자신이 바그네리안*임을 자처했지만, 동시에 브람스의 음악 역시도 존경했던 것이다.

대부분의 협주곡에는 협연자가 오케스트라와의 호흡에 구애받지 않고 마음껏 자신의 기량을 뽐낼 수 있는 '카덴차(Cadenza)'라는 대목이 삽입되어 있다. 이 카덴차에도 여러 가지 종류가 있는데, 작곡가가 작곡하여 악보에 그려 넣는 경우도 있고, 빈칸으로 남겨 두고 연주자들이 직접 빈 부분을 메우도록 하는 경우도 있다. 후자의 경우 당연히 연주자의 개성이 듬뿍 담긴, 세상에 하나밖에 없는 카덴차 선율이 만들어진다. 일종의 '깜짝 선물'이 되는 셈이다.

신기하게, 이 카덴차에도 '판본(版本)'이란 것이 존재한다. 대부분은 유명 연주자가 한 번 사용한 카덴차 버전을 이후 다른 연주자들이 재활용

---

* 리하르트 바그너의 음악을 추종하는 이들을 일컫는 표현. 지휘자 말러가 가장 애용했던 레퍼토리는 바그너의 <트리스탄과 이졸데(Tristan und Isolde), WWV. 90>였다.

한다. 물론, 완전히 동일하게 연주하기보다는 기본적인 틀은 원전에 기반을 두고, 자신만의 개성적인 선율이나 꾸밈음을 첨가하는 식이다. 쉽게 말해, '틀이 있는 애드리브'라는 것이다.

연주회장에서 듣고 기억해 두었다가 집에 와서 이것이 어떤 버전의 카덴차였는지 찾아보는 것도 참 재미있는 경험이 된다. 특히나 그날 감상한 카덴차가 무척이나 마음에 들었다면, 같은 카덴차가 삽입된 음반을 하나 사 보는 것도 뜻깊은 일이 될 것이다.

갑자기 '쾅!'

지금 돌이켜 보면 그다지 성실한 대학생은 아니었던 것 같다. 보통 학기말 시험 전날은 벼락치기 공부를 하기 위해 서초동 뱅뱅사거리의 24시간 영업 패스트푸드점에서 밤을 지새우고는 했다. 보통은 클래식 라디오를 들으며 공부했는데, 하루는 바실리 페트렌코(Vasily Petrenko)와 서울시립교향악단의 공연이 다음 날(새벽이었으니 정확히는 그날 저녁이다) 열린다는 광고가 흘러나왔다. 러시아 출신의 젊은 지휘자가 지휘하는 라흐마니노프의 교향곡이라. 곧장 펜을 내려놓고 제발 남은 자리가 있기를 빌며 예매 사이트에 접속했다. 정확히

일곱 자리가 남아 있었고, 그중 하나를 재빨리 거머쥐었다.

라흐마니노프에게 두 번째 글린카상* 수상의 영예를 안겨 준 그의 교향곡 2번(Symphony No. 2 in E minor, Op. 27)은 완숙기에 접어든 러시아 낭만주의 최후의 작곡가의 매력을 유감없이 보여주는 작품이다. 특히나 이날은 같은 러시아 출신의 지휘자가 객원지휘를 하는 만큼, 얼마나 더 '러시아 스러운' 해석을 선보일지 기대가 컸다.

페트렌코는 전반적으로 굉장히 강하게 악곡을 몰고 갔다. 과장을 조금 보태자면, 강하게 연주하면 안 되는(그랬다가는 큰일 나는) 부분을 제외한 모든 부분이 '강, 강, 강'의 연속이었다. 또 악곡의 빠르기는 쾌속과 과속의 사이에 아슬아슬하게 걸쳐 있는 수준으로, 통상적인 연주에 비해 매우 빨랐다.

1악장이 종주부로 접어드는데, 악장이 끝나는 순간 너무나 낯선 '쾅!' 소리가 들렸다. 손에 들려

---

* 오페라 <루슬란과 류드밀라(Ruslan and Lyudmila)> 등을 작곡한 러시아의 작곡가 글린카(Mikhail Ivanovich Glinka)를 기리기 위해 제정된 상

있는 악보를 뚫어져라 봤다. 어딜 봐도 마지막 순간에는 첼로와 콘트라베이스의 짧은 저음만 있을 뿐, 팀파니의 출현을 예고하는 단서는 찾아볼 수 없었다.

집으로 돌아와 이 의문의 '쾅!' 소리의 비밀을 풀어 보기로 했다. 브루크너의 교향곡처럼 판본이 여러 개가 있는 탓일까 싶어 찾아보는데, 우선 그건 아닌 듯했다.* 바실리 페트렌코와 로열 리버풀 필하모닉 오케스트라(Royal Liverpool Philharmonic Orchestra)의 음원을 들어 봤다. 1악장 마지막의 '쾅!' 소리가 있었다. 앙드레 프레빈(André Previn)과 런던 심포니 오케스트라(London Symphony Orchestra)의 음원을 들어 봤다. 여기에는 그 '쾅!' 소리가 없었다. 유리 테미르카노프(Yuri Temirkanov)와 상트페테르부르크 필하모닉 오케스

* 많은 작곡가들이 자신이 쓴 작품을 일생에 걸쳐 계속 수정하고 보완하는 작업을 거치지만, 자신의 작품에 대한 주위의 평가에 굉장히 민감했던 브루크너의 경우 이 작업이 유독 더 심하고 잦았다. 이로 인해 브루크너의 교향곡은 같은 작품임에도 불구하고 여러 판본이 존재한다. 일례로, 가장 대중적인 브루크너의 교향곡 4번(Symphony No. 4 in E-flat major, WAB 104)만 놓고 봐도, 판본이 일곱 개 이상 존재할 정도이다.

트라(Saint Petersburg Philharmaonic Orchestra)와의 연주에는 또 '쾅!' 소리가 있었다. 계속해서 다양한 음반들을 들어 가며 같은 부분을 비교했다. 그제야 조금씩 실마리가 풀리기 시작했다. 지휘자와 연주자의 재량으로 팀파니 음을 가음했던 것이다.

원래는 악보에 충실하게 연주하는 것을 제1원칙으로 삼는 클래식 음악임에도 가음을 한 경우가 굉장히 많은 것으로 보아, 이 대목은 융통성을 발휘하는 데 비교적 자유로운 구간이었던 것 같다. 마치 '시적 허용'과도 같은 경우랄까. 그 허용의 정도가 문학에 비해서는 많이 박하지만 단 하나의 가음으로도 악곡의 분위기가 상당히 달라지는 것을 보면, 그 영향은 실로 엄청난 것이었다.

결국 바실리 페트렌코와 로열 리버풀 필하모닉 오케스트라의 음반을 어렵사리 구했다. 자꾸만 듣다 보니, 이제 '쾅!' 소리가 없으면 섭섭할 정도가 되었다.

'제와피'와 '지아코' 전에 '바흐'와 '쇼스타코비치'가 있었다

얼마 전에 팔뚝 안쪽에 자그마한 타투를 하나 새겨 볼까 고민했던 적이 있다. 나름 의미 있는 상징을 새기려고 도안까지 열심히 그려 놨건만 선생님이 될 사람이 무슨 타투냐는 주변 사람들의 만류에 결국 실행에 옮기지는 못했다. 생각했던 타투 도안은 내 이름의 이니셜 'D'와 'S'를 음가인 '레(D)'와 '미 플랫(Es)'으로 환산하여 오선보 위에 그리는 것이었다(그리고 그 위에 페르마타 기호까지!). 단2도 간격의 이상한 음계가 되지만, 나만의 시그니처 코드가 되는 셈이다.

자신이 작곡한 노래라는 걸 나타내기 위해 박진영, 용감한 형제 등의 대중가요 작곡가들, 그리고 GRAY, 지코와 같은 힙합 뮤지션들은 노래의 극 초반부에 자신의 시그니처 사운드를 심어 놓곤 한다. 'JYP', 'Brave sound', 'GRAY', 'ZICO' 등의 형태로 말이다. 우리는 이러한 시그니처 사운드로 노래의 작곡가가 누구인지 쉽게 알아낼 수 있다. 하지만 시그니처 사운드의 기원이 클래식 음악까지 거슬러 올라간다는 사실을 알고 있는 사람은 많지 않을 것 같다.

그 기원은 바흐까지 올라간다. '바흐 모티프'라고 불리는 바흐의 시그니처 코드는 바흐의 철자인 'B-A-C-H'를 독일식 음이름으로 환산한 '시플랫-라-도-시'의 음형이다. 바흐는 작품에 종종 이 바흐 모티프를 등장시켰다. 대표적으로, 그의 마지막 푸가인 〈푸가의 기법(Die Kunst der Fuge, BWV 1080)〉에서 찾아볼 수 있다.

신기하게도, 바흐의 시그니처 코드는 오히려 다른 작곡가들에 의해 더 많이 쓰였다. 바흐 사후 그에 대한 존경의 의미를 담아 리스트, 슈만, 브람스, 림스키코르사코프, 그리고 현대에 이르기까지 여러 작곡가들이 이 'B-A-C-H 모티프'를 활용한 작품을 작곡했다.

러시아의 작곡가 쇼스타코비치(Dmitri Dmitriyevich Shostakovich)의 시그니처 코드는 'D-S-C-H' 음이다. 마찬가지로 이는 독일식 음 표기로, '레-미플랫-도-시'가 된다. 유래는 쇼스타코비치의 독일어식 표기인 'Dmitri SCHostakowitsch'의 약자로, 쇼스타코비치는 이 D-S-C-H 모티프를 여러 가지 유형으로 활용했다. 현악사중주 8번(String Quartet No. 8 in C minor, Op. 110)에서는 오늘날 K-팝의 시그니처 사운드와도 흡사하게 아예 곡의 도입부에 모티프를 활용했고, 현악사중주 6번(String Quartet No. 6 in G major, Op. 101)에서는 각 악장의 마지막에 숨겨 놓기도 했다.

쇤베르크(Arnold Schoenberg) 역시 그의 독일식 이름에서 따온 시그니처 코드를 가지고 있었다. '(A)-S-C-H-B-E-G'로 구성된 코드를 우리에게 익숙한 영어식 표기로 옮기면 '(A)-E♭-C-B-B♭-E-G'가 된다.

쇤베르크는 이 코드를 응용하여 그의 작품에 등장시켰다. 음의 순서를 바꾼다던지, 기존 코드의 몇몇 음을 다른 음으로 대체시키는 등의 방식이었다. 참으로도 난해하고 복잡한 쇤베르크의 음악인데, 그 속에 이런 코드가 숨겨져 있었다는 사실이 재미있다.

이 외에도, 바르톡(Béla Bartók)의 'B-E-B-A' 모티프, 홀스트(Gustav Holst)의 'G-eS-A-H' 모티프, 존 케이지(John Cage)의 'C-A-G-E' 모티프 등, 다양한 작곡가들이 종종 그들의 이름을 활용한 시그니처 코드를 활용한 바 있다.

바흐가 살던 18세기나 오늘날이나, 자신의 작품에 본인만의 흔적을 남기고픈 창작자들의 욕구에는 별 차이가 없는 모양이다.

단 사흘 만에 작품 하나가 뚝딱?

클래식 음악 한 곡을 작곡하려면 어느 정도의 시간이 걸릴까? 짧은 글 한 편을 쓰는 것도 힘든데 여러 악기가 한데 어우러지는 음악을 작곡하는 데에는 훨씬 더 많은 시간이 걸리지 않을까? 독주곡, 실내악, 협주곡, 교향곡 등 곡의 규모에 따라 조금씩 차이는 나겠지만 어떤 장르건 간에 상당한 시간과 노력이 들 것임에는 틀림이 없다. 하지만 비슷한 규모의 곡이라도 작곡가마다 작곡에 걸리는 기간은 천차만별이다.

연말이 되면 이곳저곳에서 울려 퍼지는 헨델의 오라토리오 〈메시아(Messiah, HWV 56)〉. 무려 3

부 53곡의 거대한 편성으로 이뤄진 이 곡이 고작 24일 만에 작곡되었다는 사실은 참 믿기 힘들다. 헨델은 1741년 8월 22일에 작곡을 시작해서 8월 28일에 1부를, 9월 6일에 2부를, 9월 12일에 3부를 완성하고, 9월 14일에 최종적으로 대작을 완성했다.

바이올린 협주곡 〈사계〉를 작곡한 비발디 역시 작곡 속도가 빠르기로 유명했다. 바이올린 협주곡으로 유명한 비발디이지만, 여기서 주목할 만한 작품은 무려 단 5일 만에 작곡된 3막짜리 오페라 〈티토 만리오(Tito Manlio, RV 738)〉이다. 이탈리아 만투아(Mantua)시(市)의 시장이 급작스럽게 자신의 결혼을 예고하자 이를 위해 작곡했지만, 결국 결혼이 무산됨으로써 1719년 만투아의 극장에서 초연되었다. 자주는 아니지만 현대에도 종종 극장에 오르고 있다.

3막의 오페라를 5일 만에 완성하는 것이 과연 가능할까 싶다. 하지만 실제로 비발디는 이 작품을 제외하고도 상당히 빠른 작곡 속도를 보였다.

리옴 번호(RV)*로만 따져 보면 일생 동안 800여 곡이나 작곡을 했을 정도이다. 이 때문인지 비발디는 자기 표절 논란에 휩싸이기도 했는데, 협주곡의 각 악장을 조성만 살짝 바꿔서 전개한다든지, 비슷한 동기가 서로 다른 작품들에 등장하는 경우가 적지 않았기 때문이다. 이러한 논란도 있지만, 비발디는 훌륭한 작곡가였다. 동시대의 작곡가 바흐 역시도 그의 바이올린 협주곡에 적잖은 영향을 받았고, 실제로 몇몇 작품을 오르간이나 건반을 위한 작품으로 직접 편곡하기도 했다.

슈만 역시 빠른 작곡 속도를 보인 작곡가 중 하나였다. 그는 한 편의 교향곡을 작곡하는 데 한 달 남짓이면 충분했다. 교향곡 1번 〈봄(Symphony No. 1 in B-flat major, Op. 38 'frühlings')〉의 경우 29일, 교향곡 3번 〈라인(Symphony No. 3 in E-flat major, Op. 97 'Rheinische')〉은 단 38일이 걸렸을 뿐이다. 교향곡이라는 장르의 특성상 편성 악기 수가 상당히 많고, 그 길이도 꽤 길다는 점에서 매우 빠른 시간

---

* 비발디의 작품을 나타내는 고유한 번호 체계로, 덴마크의 음악학자 리옴(Peter Ryom)이 집대성하여 이와 같은 이름이 붙었다.

안에 작곡했다고 볼 수 있다. 슈만의 교향곡들이 오늘날까지도 계속해서 받고 있는 지적들, 즉 '너무 투박하다', '오케스트레이션이 빈약하다' 등의 의견들이 나오는 이유 중에 짧은 작곡 기간 역시 한몫하지 않았을까 싶다.

쇼스타코비치의 현악사중주 8번*은 무려 사흘 만에(1960년 7월 12~14일) 작곡된 것으로 알려져 있다. 이 시기, 독일 드레스덴에 머물렀던 쇼스타코비치는 엄청난 심리적 압박감에 시달리고 있었다. 당시 쇼스타코비치는 루게릭병 초기 증세를 보였고, 이에 더해 소련 공산당에 가입하라는 외압에도 시달리고 있었다.

그래서였을까, 쇼스타코비치는 이 작품을 '파시즘과 전쟁으로 인한 모든 희생자들에게(to the victims of fascism and the war)' 헌정했는데, 일부 학자들은 "아마 자기 자신을 위와 같이 지칭하지 않았겠느냐"는 추측을 하고는 한다. 이렇게 쇼스타코비치는 심리적인 압박감에서 벗어나기 위해 작곡에만 온전히 몰두한 결과, 사흘 만에 현악사중주

* D-S-C-H 모티프가 활용된 바로 그 작품이다.

한 편을 작곡하게 된다.

35년의 짧은 생애 동안 무려 626편*의 작품을 작곡해 낸 모차르트는 논외로 하자. 괜히 천재 작곡가 소리를 듣는 것이 아니다.

---

* 쾨헬 번호를 기준으로 했다.

작곡가들의 미신과 징크스

세상에는 참 갖가지 미신과 징크스가 있다. 클래식 음악 역시 이러한 미신이나 징크스에서 자유롭지 않다. 어떤 것들은 그저 터무니없는 소리로 들리지만, 또 어떤 것들은 꽤 설득력 있다.

'9번 교향곡의 저주'는 이미 많이 알려진 미신 중 하나다. '9번 교향곡을 작곡한 뒤에는 그 어떤 작곡가도 살아남지 못한다'는 것이다. 이 미신은 베토벤으로부터 시작된다. 베토벤은 9번 교향곡 〈합창(Symphony No. 9, Op. 125 'Choral')〉을 작곡한 지 약 3년 뒤에 숨을 거뒀다. 드보르자크(Antonín Leopold Dvořák)와 슈베르트(Franz Schubert) 역시 9번 교향곡까지만 작곡했고, 시벨리우스도 9번 교향곡을 넘기지 못했다.

적지 않은 사례들이 존재한 까닭일까, 이 미신을 꽤 진지하게 믿은 유명 작곡가가 한 명 있었으니, 바로 구스타프 말러이다. 그는 교향곡 8번(Symphony No. 8 in E-flat major)을 작곡한 이후, 진지하게 이 미신을 피할 방법을 고민했고 후속 교향곡에 번호를 붙이는 대신 〈대지의 노래(Das Lied von der Erde)〉라는 표제를 붙였다. 미신을 피했다고 생각했는지 말러는 '9번'을 결번하지 않고 〈대지의 노래〉 후속 교향곡에 결국 '9번'이라는 숫자를 붙였는데, 이후에 '10번 교향곡'의 작곡을 시도했지만 끝내 완성하지 못하고 생을 마감하면서, 9번이 그의 마지막 교향곡이 되었다. 결국 말러도 9번 교향곡의 저주를 넘지 못한 셈이다.

다만, 너무나도 많은 반례와, 교향곡 한 편을 작곡하는 데 걸리는 어마어마한 시간과 노력을 감안하면, 한 작곡가가 일생 동안 교향곡을 아홉 편씩이나 쓰는 것만 해도 정말 대단하다는 생각이 든다.

숫자 '13'에 관련된 미신은 굳이 클래식 음악

이 아니더라도 여러 분야에서 찾아볼 수 있다. 예로부터 13은 불길한 숫자로 여겨져 왔기 때문에 비행기에서도 13열 좌석을 찾아볼 수 없고, 건물에서도 13층을 건너뛰는 경우가 다수 있다.

클래식 음악 작곡가들 중, 13을 정말 병적으로 싫어했던 이가 있었으니, 바로 쇤베르크다. 쇤베르크는 13이라는 숫자를 무서워했는데, 자신이 13의 배수가 되는 해에 죽을 것이라는 불길한 생각에 휩싸여 있었기 때문이다. 실제로 쇤베르크는 1939년, 65번째 생일에 대한 불안감*으로 친구에게 부탁해 점괘를 봤다는 기록이 있다. 이러한 쇤베르크의 '13 공포증'은 그의 76번째 생일날 다시 도졌는데, 이번에는 76의 두 자리 숫자를 더하면 13이 된다는 이유 때문이었다.

그리고 1951년 7월 '13일 금요일', 쇤베르크는 자신에게 닥친 그 최악의 날이 무사히 지나가기까지 단 15분을 남기고 결국 숨을 거두고 말았다.

---

* 39와 65가 모두 13의 배수였기 때문이다. 눈치 챘겠지만, 쇤베르크는 애초에 '13 공포증'에서 벗어날 수 없는 운명을 타고난 것이다.

스크랴빈(Alexander Scriabin)은 그의 피아노 소나타 8번(Piano Sonata No. 8, Op. 66)을 대중 앞에서 단 한 차례도 연주한 적이 없다. 스스로 '망작'으로 여겼기 때문이다. 실제로 '내 작품 중 가장 절망적인 수준의 작품'이라고 말했을 정도다. 단악장으로 구성된 이 작품은 현대에 이르러서도 '굉장히 난해한 작품'으로 여겨지는데, 실제로 음이 뒤죽박죽 꼬여 갑자기 세졌다가 여려지기를 반복하고 느닷없이 가속이 붙었다가 느려지는 등, 해석하기가 참 힘들다.

스크랴빈이 연주를 거부한 작품이 한 곡 더 있다. 그것은 다름 아닌 스스로 작곡한 피아노 소나타 6번(Piano Sonata No. 6, Op. 62)이었다. '너무 으스스하고, 지저분하고, 잔망스럽다'는 것이 그 이유였다.

비슷한 사례로 생상스(Camille Saint-Saëns)의 〈동물의 사육제(Le Carnaval des Animaux)〉가 있다. 생상스는 본인 생전에 〈동물의 사육제〉 악보 출판을 거절했는데, 자신의 '진중한' 이미지를 훼손할 수 있다는 이유에서였다. 생상스는 실제로 〈동물의 사육제〉를 그저 '장난으로 끼적거린 습작' 정도로 여겼고, 비공개 음악회에서 두 차례 연주한 것을 제외하면 대중에게 공개하지 않았다. 총 14개의 악장 중 오직 단 하나, 열세 번째 악장 '백조'만이 작곡가 생전에 악보로 출판되었을 뿐이다. 지금은 이 작품이 생상스의 작품 중 가장 대중적인 작품이 되었으니, 참 아이러니 하다고 말할 수 있겠다.

코다이(Kodály Zoltán)의 〈하리 야노스 모음곡(Háry János Suite)〉은 재채기 소리와 함께 시작된다. 총보 기준으로 첫 세 마디를 활용해서 재채기 소리를 표현했는데, 실제로 들어 보면 신기하게도 '에에에에에에에에취이이이' 정도의 재채기 소리로 들린다.

이 독특한 시도는 헝가리의 미신과 관련이 있다. 하리 야노스 모음곡은 동명의 오페라 〈하리 야노스(Háry János, Op. 15)〉의 연주회용 버전인데, 오페라 〈하리 야노스〉는 늙은 퇴역군인 하리 야노스가 옛이야기를 시작하는 장면으로 막을 연다. 헝가리에는 '이야기꾼이 이야기를 하는 도중 재채기를 하면 그 이야기는 사실'이라는 독특한 미신이 있는데, 코다이는 바로 이 미신을 차용해 악곡을 유쾌하게 풀어낸 것이다.

북한의 교향악

〈평양의 미국인들(Americans in Pyongyang)〉이라는 다큐멘터리 프로그램을 인상 깊게 본 기억이 있다. 미국의 작곡가 거슈윈의 작품 〈파리의 미국인(American in Paris)〉을 재치 있게 변용한 제목의 이 프로그램은 2008년 2월, 뉴욕 필하모닉(New York Philharmonic)의 평양 원정길을 담은 기록물이다.

동평양대극장에서 열린 뉴욕 필하모닉의 특별 연주회를 보며 북한에도 클래식 음악 전용 홀이 있다는 사실에 깜짝 놀랐고, 익숙한 표정과 자세로 연주회를 관람하는 평양 시민들의 모습에 또 한 번 놀랐다. 왠지 클래식과는 거리가 멀어 보이는 이곳에도 클래식 음악이 대중화되어 있다는 점이 의외이면서도 참 반가웠다.

거의 모든 분야에서, 북한은 수도인 평양과 그 외 지역 간 수준의 불균형이 상당한 것으로 알려져 있다. 어쩌면 북한에서 이렇게 클래식 음악을 감상할 수 있는 특권은 평양 시민들에게만 국한된 것일지도 모른다.

물론 북한에도 오케스트라가 존재한다. 다만, 그 수가 상당히 적다. 그리고 그마저도 우리가 흔히 생각하는 오케스트라의 모습과는 꽤나 큰 차이를 보인다.

1946년 8월 8일, 중앙교향악단이라는 이름으로 창단된 조선국립교향악단은 북한에서 우리가 떠올리는 전형적인 오케스트라의 모습을 갖춘 유일한 악단이다. 평양국립교향악단이라고도 불리며, 주로 평양의 모란봉극장에서 공연을 갖는 것으로 알려져 있다.

실내악 수준에 맞먹는 1관 편성으로 창단, 현재는 3관 편성으로 늘어나 보통의 오케스트라들과 비슷한 형태와 규모를 갖추고 있다. 다만, 일반적인 오케스트라들과 레퍼토리에서는 큰 차이를 보인다. 대부분의 레퍼토리가 체제 선전용 작품 혹은 북한 작곡가들의 작품으로 이루어져 있으며, 클래식 음악 중에서는 체코를 포함한 동유럽이나 러시아와 같은 우방 국가들의 작품을 주로 연주한다. 이러한 편향적인 레퍼토리의 정도를 방증하는 사례가 하나 있는데, 이미 우리에게는 대중적인, 베토벤의 교향곡 9번 〈합창〉(북한에서는 '환희'로 번역한다)이 북한에서는 2013년 초연되었다는 것이다.

놀랍게도, 조선국립교향악단의 해외 순방 기록도 찾아볼 수 있다. 조선국립교향악단은 1986년 바르샤바 음악제에 참가해 윤이상의 클라리넷 협주곡과 교향곡 1번을, 1992년 도쿄에서 드보르자크의 〈신세계 교향곡(Symphony No. 9 in E minor, Op. 95, B. 178 'Z nového světa')〉을 연주한 적이 있다. 2000년에는 북한의 음악단체로는 최초로 서울을 방문해 북한의 민요를 주로 한 프로그램으로 예술의전당과 KBS홀에서 공연을 한 적도 있다. 당시 KBS교향악단과 합동공연을 해서 화제가 되기도 했다.

뉴욕 필하모닉의 평양 방문 당시 음악감독 로

린 마젤(Lorin Maazel)이 조선국립교향악단을 지휘한 기록도 있다. 바그너의 〈뉘른베르크의 마이스터징거 서곡(Die Meistersinger von Nürnberg, WWV. 96: Overture)〉, 차이콥스키의 〈로미오와 줄리엣 환상 서곡(Romeo and Juliet, TH 42, ČW 39)〉을 오픈 리허설 형태로 연주했다고 한다.

음반을 다수 발매하기도 했는데, 음반 역시 대부분 북한의 작품만을 수록하고 있고, 유일하게 서방의 작품을 수록한 음반으로는 쇼스타코비치의 교향곡 7번 〈레닌그라드(Symphony No. 7 in C major, Op. 60 'Leningrad')〉가 있다고 한다.

우리나라의 팝스 오케스트라*에 해당하는 악단도 있다. 2009년 1월 창단한 삼지연 관현악단은 클래식보다는 대중음악을 연주하는 단체로, 악기 편성에도 기본적인 관현악에 전자 기타, 신디사이저, 드럼 등을 더하고 있고, 프로그램 역시 북한의 대중적인 노래를 주로 하고 있다. 클래식 음악을 아예 연주하지 않는 것은 아니다. 하

---

* 팝이나, 영화음악, 재즈 등 대중적인 장르의 음악을 위주로 연주하는 오케스트라

차투리안(Aram Khachaturian)의 발레 음악 〈가야네(Gayane)〉 중 '칼의 춤(Sabre Dance)', 사라사테(Pablo de Sarasate)의 〈치코이네르바이젠(Zigeunerweisen, Op. 20)〉 등 가벼운 클래식 음악도 레퍼토리에 포함하고 있다고 한다.

삼지연 관현악단은 지난 2018년 평창 동계올림픽 당시 강릉과 서울에서 기념 공연을 갖기도 했는데, 남한의 대중가요 메들리, 통일 노래들을 공연하는 등 화제가 되었다. 단원들의 기본 의상도 보통의 오케스트라와 달리 진달래색 정장이나 드레스를 입는 등 다소 가볍고 대중적이다.

1990년 12월 창단된 윤이상 관현악단은 50여 명의 단원을 보유하고 있는 소규모 오케스트라이다. 악단의 창단 취지에 맞게 윤이상의 작품을 주요 레퍼토리로 삼고 있으며, 실내악을 중심으로 한 비교적 다양한 클래식 음악도 레퍼토리에 포함한다. 북한의 오케스트라 중에서는 그나마 가장 균형 잡힌 프로그램으로 공연을 진행하며, 매년 평양에서 개최되는 '윤이상 음악회'의 주요 참여악단으로 활동하기도 한다.

윤이상의 작품을 알리기 위해 해외순방을 하

기도 했다. 1999년과 2004년 두 차례 수석급 단원들로 '평양 윤이상 앙상블'을 꾸려 독일에서 순회공연을 한 적도 있다. 덕분에 윤이상 관현악단이 남한에도 알려지면서 작곡가 윤이상에 대한 관심이 더욱 증폭되기도 했다.

이처럼 그 숫자가 많지는 않지만 북한에도 오케스트라가 존재한다. 물론, 프로그램이나 악단의 구성이 우리가 생각하는 전형적인 오케스트라들과는 차이를 보이지만, 이 악단들이 북한 주민들에게 클래식 음악의 매력을 전하는 역할을 하고 있음에는 틀림이 없을 것이다.

살아생전에 평양에서 클래식 음악을 감상할 날이 올까 싶다. 한 번쯤은 꼭 경험해 보고 싶다.

참으로 영국스러운

의외의 상황에서 새로운 음악을 발견할 때가 심심치 않게 있다. 2012 런던 올림픽의 개막식은 유독 클래식 팬들에게 반가운 장면들이 많이 등장했다. '미스터 빈' 로완 앳킨슨(Rowan Atkinson)이 깜짝 등장해 화제가 됐던 사이먼 래틀 경(Sir Simon Rattle)과 런던 심포니 오케스트라의 〈불의 전차(Chariots of Fire)〉 퍼포먼스도 인상적이었지만, 가장 주목할 만한 대목은 제임스 본드와 여왕 엘리자베스 2세의 헬리콥터 스카이다이빙 퍼포먼스였다. 미리 촬영된 도입부 영상은 헨델의 오라토리오 〈솔로몬(Solomon, HWV 67)〉 가운데 '시바 여왕의 도착(The Arrival of the Queen of Sheba)'으로 시작됐다. 제임스 본드가 여왕을 만나는 대목에서 왕궁의 불꽃놀이로 음악이 바뀌더니, 이 둘이 갑자기 헬리콥터에 올라탔다. 헬리콥터가 땅을 박차고 버킹엄 궁전 위를 날아오르자 다시 한 번 음악이 바뀌었다. 엘가(Edward Elgar)풍의 참으로 영국스러운 작품, 에릭 코츠(Eric Coates)의 〈댐 버스터 행진곡(The Dambusters March)〉이었다.

영국의 작곡가 하면 대개 엘가, 브리튼(Benjamin Britten), 헨델(일생의 대부분을 런던에서 보냈지만, 태생은 독일 출신이다), 〈행성 모음곡(The Planets, Op. 32)〉을 작곡한 홀스트나 헨리 퍼셀(Henry Purcell) 정도를 떠올릴 수 있다. 역사와 전통이 깊은 유럽의 강대국이지만, 바흐가 칸타타로 신을 섬기고, 베토벤이 교향곡으로 인류의 환희를 노래할 때, 변방의 섬나라 영국의 문화예술은 음악보다는 문학과 연극, 그리고 서커스 등에 치중되어 있었다. 이러한 이유로 유명한 작곡가들이 그다지 많이 배출되지 않았고, 그래서 영국의 음악은 클래식 애호가들에게도 다소 낯설 수밖에 없다.

섬나라의 태생적 한계랄까, 아무래도 다른 국가들과의 활발한 문화교류가 쉽지 않았던 탓에 영국의 클래식 음악은 말로는 표현하기 힘든 그들만의 독특한 색깔과 향기를 잘 간직하고 있다. 그 분위기가 워낙 비슷한 탓에 에릭 코츠의 경음악을 엘가의 것으로 착각할 정도다.

〈댐 버스터 행진곡〉은 동명의 영화에 서곡으로 쓰인 작품이다. 영화의 내용은 제2차 세계대전 당시 영국의 한 과학자가 독일의 댐을 폭파하기 위한 폭탄 개발에 노력하고, 결국 댐을 폭파하는데 성공하는 실화를 기반으로 한다.

작곡가 에릭 코츠는 19세기 말에서 20세기 초반까지 비올리스트로 활동 하다가 이후에 작곡가로 전향한 인물인데 '참으로 영국스러운' 느낌을 물씬 주는 작품들을 여럿 남겼다. 〈런던 모음곡(London Suite)〉, 〈런던 어게인(London Again)〉, 〈세 엘리자베스(The Three Elizabeths)〉 등 이름만 들어도 영국 그 자체인 작품들이 많다.

엘가의 〈위풍당당 행진곡 1번(Pomp and Circumstance March No. 1 in D, Op. 39/1)〉과 비슷하게 곡의 후렴부에 가사를 붙여서 부르기도 하는데,

가사마저도 영국, 그 자체다.

Proudly, with high endeavour
자랑스럽고 용맹한 기상으로,
We, who are young forever
영원토록 젊은 마음으로,
Won the freedom of the skies
자유로운 하늘을 얻어 낸 우리는
We shall never die!
결코 죽지 않으리!
We who have made our story
우리의 이야기를 만들어 낸 우리,
Part of our Empire's glory
영광스러운 제국의 일원이 된 우리,
Know our hearts will still live on
대영 제국이 하늘을 나는 동안
While Britons fly!
우리의 마음은 영원히 살아 있으리!

가장 바그너답지 않아서

얼마 전에 미니 빔 프로젝터를 하나 장만했다. 내 방 한쪽 벽은 새하얀 벽지로 되어 있는데, 여기에 빔 프로젝터 화면을 쏘면 딱 맞다. 빔 프로젝터를 산 이유는 하나다. 집에서 오페라를 관람하기 위해서.

2020년의 코로나 사태 이후 세계 각지의 오페라 극장들이 새로운 공연을 무대 위에 올리지 못하게 되자, 오페라 팬들을 위해 이미 녹화된 기존의 공연 영상들을 인터넷에서 무료로 공개하기 시작했다. 고품질의 공연을 집에서 관람할 수 있게 된 것이다.

개인적으로 이탈리아 오페라, 그중에서도 푸치니(Giacomo Puccini)를 좋아한다. 참 대단한 작곡가가 아닐 수 없다. 1892년 〈마농 레스코(Manon Lescaut)〉를 시작으로, 내는 작품마다 족족 성공 신화를 써 내려간 전무후무한 오페라 작곡가이다. 〈라 보엠(La bohème)〉, 〈토스카(Tosca)〉, 〈나비 부인〉 등 푸치니의 중기 작품들은 베리스모* 오페라의 모범적인 전형을 보여준다. 그중에서도 가장 대표적인 작품으로 〈라 보엠〉을 꼽을 수 있다.

현실 그대로의 모습을 그려 낸 이 오페라에는 '악역'이란 것이 없다. 현실에 있을 법한 등장인물만이 등장한다. 단칸방에 옹기종기 모여 사는 각기 다른 분야의 네 예술가들에게 밀린 집세를 받으러 오는 집주인이나, 무제타의 여색에 홀려 그녀 뒤를 졸졸 쫓아다니는 늙은 갑부 알친도로 역시 마냥 미워할 수 없는, 극에 재미를 불어넣어 주는 감초 같은 존재다.

〈라 보엠〉에서는 대사도 음악이 된다. 네 예술

---

* 지극히 현실을 바탕으로, 일상이나 하급 계층의 생활을 그리는 예술

가들의 왁자지껄한 수다가 등장하는 1막에서는 아리아도, 레치타티보*도 아닌 독특한 스타일로 음악이 전개되고, 왁자지껄한 파리 거리의 '카페 모뮈스'가 배경이 되는 2막은 아이들, 장난감 상인, 행인들의 목소리가 한데 섞여 시장 통의 혼란스러운 분위기를 잘 살려 낸다.

반면, 비슷한 시기에 독일에서는 바그너를 위시한 새로운 오페라 장르가 득세하고 있었다. '종합예술작품(Gesamtkunstwerk)'이라는 새로운 모토를 내세운 바그너의 작품 속에서는 음악, 대사, 무대, 심지어 극장까지 하나의 연계된 작품이 된다.(바그너는 자신의 오페라 작품을 올리기 위한 전용 극장인 바이로이트 축제 극장(Bayreuth Festspielhaus)을 건설했다. 지금도 매년 여름, 바이로이트에서 바그너 축제가 열린다.)

바그너는 '파격' 그 자체였다. 각각의 아리아가 명백히 구분되는 '넘버 오페라' 형식을 버리고 극의 시작부터 끝까지 멈추지 않고 음악을 연결시키는가 하면, '라이트모티프(leitmotiv)'라는 장치

---

* 대사를 말하듯이 노래하는 방식

를 도입하여 특정한 인물이나 주제를 하나의 주제 선율과 연관 지어 관객들이 이를 쉽게 파악하도록 했다. 극의 소재도 베리스모와는 거리가 매우 먼, 신화나 설화에서 차용한 것들이 많다. '바다를 떠도는 유령 설화'를 바탕으로 한 〈방황하는 네덜란드인(Der fliegende Holländer, WWV. 63)〉, '아서 왕과 원탁의 기사 설화'를 차용한 〈로엔그린(Lohengrin, WWV. 75)〉, 고대 독일의 설화 '니벨룽겐의 노래'를 바탕으로 한 〈니벨룽겐의 반지(Der Ring des Nibelungen, WWV. 86)〉 등이 이에 해당한다.

내가 가장 좋아하는 바그너 레퍼토리는 〈뉘른베르크의 마이스터징거〉이다. 참 희한하게도 이 작품은 '가장 바그너답지 않아서' 좋다.(마치 혹자들이 브람스의 교향곡 1번을 '가장 브람스답지 않아서' 좋아하는 것과 비슷하다.) 유일하게 전설이나 설화에서 소재를 찾지 않고 작곡가가 순수 창작한 대본을 바탕으로 한 작품으로, 16세기 뉘른베르크의 마이스터징거 조합원들과 이 조합에 새로이 가입하고자 하는 외지인의 이야기를 다룬다.*

---

* 16세기 독일에서는 '마이스터게장(Meistergesang, 마이스터의

역사적인 배경에 기반하여 쓰인 작품이기에 일단 줄거리의 개연성이 굉장히 높은 편이다. 또, 귀족들의 이야기가 아니라 평범하게 생계를 꾸려 나가는 마이스터들의 이야기를 다룬다는 점에서 이탈리아의 베리스모와도 일맥상통하는 부분이 있다.

무엇보다도, 서곡의 완성도가 굉장히 훌륭하다. 등장인물 각각의 라이트모티프가 적절히 조합되어 서곡만 들어도 마치 극을 다 본 것과도 같은 착각에 빠지게 한다. 이 때문에 서곡이 교향악 연주회에 독립적으로 올려지는 경우도 많다.

바그너의 작품에 가까이 다가가고 싶다면 〈뉘른베르크의 마이스터징거〉에 도전해 볼 것을 권한다. 머지않아 바그너의 매력에 흠뻑 빠지게 될 것이다.

노래)'이라는 장르가 유행했다. 이는 중세 후기 남부 독일에서 흔히 찾아볼 수 있는 형식으로, 중세성기(中世盛期)의 엄격한 형식을 갖춘 '민네장'에서 유래한 것이다. 공인된 직업형 시인, 즉 마이스터징거가 되기 위해서는 마이스터징거 조합에 가입해야 했다.

죽기 전 택할 마지막 음악

몇 해 전, 호주의 한 과학자가 스스로 권위 있는 죽음을 맞이하기 위해 안락사를 택한 일이 화제가 된 적이 있다. 이 노령의 과학자는 베토벤 교향곡 9번 〈합창〉 가운데 마지막 악장을 들으며 생을 마감했다. 문득 이런 생각이 들었다. '내가 곧 죽는다면, 죽기 전에 마지막으로 하나의 음악을 들을 수 있다면, 과연 어떤 곡을 고를까?' 나는 모차르트의 레퀴엠(Requiem in D minor, K. 626)을 선택할 것이다.

수백, 수천 개의 레퀴엠이 존재하지만 그 알맹이에 해당하는 라틴어 가사가 모두 똑같다는 사실을 알게 된 지는 얼마 되지 않았다. 죽은 자를 기리기 위한 위령미사에 사용되는 레퀴엠의 정식 명칭은 '위령미사곡'이다. 하지만 위령미사곡의 첫 가사가 'Requiem aeternam dona eis Domine(주여, 그들에게 영원한 안식을 주소서)'로 시작하기에, 흔히 '레퀴엠 미사' 혹은 '레퀴엠'이라고 부르게 된 것이다. 레퀴엠은 여타 미사곡과 마찬가지로 입당송(Introitus)-자비송(Kyrie)-부속가(Sequientia)-봉헌송(Offertorium)-상투스(Sanctus)-아뉴스 데이(Agnus Dei)로 이어지는 엄격한 형식을 준수하여 작곡해야 한다.

죽은 자를 기리는 종교음악 레퀴엠은 작곡가들에게 매력적인 장르였던 모양이다. 중세시대의 그레고리안 레퀴엠부터 모차르트의 레퀴엠, 심지어 미사곡이 쇠퇴하기 시작한 낭만주의 시대에도 베를리오즈, 베르디(Giuseppe Verdi), 드보르자크, 생상스, 브루크너 등의 작곡가들이 레퀴엠을 작곡했다.

나는 그중에서도 모차르트의 레퀴엠에 유독 애착이 간다. 그의 레퀴엠이야말로 종교성과 예술성의 균형이 가장 적절히 맞춰져 있기 때문이다.

레퀴엠의 본질은 종교성에 있기 마련이다. 하지만, 모차르트 이후의 것들은 종교성보다는 예술성에 더욱 치중된 듯한 느낌을 준다. 유명한 베르디의 레퀴엠은 미사곡이라기보다는 한 편의 오페라를 보는 것 같은 느낌을 주며, 브람스의 〈독일 레퀴엠(Ein deutsches Requiem nach Worten der heiligen Schrift, Op. 45)〉이나 브리튼의 〈전쟁 레퀴엠(War Requiem, Op. 66)〉은 '레퀴엠'이라는 명칭을 쓰고는 있지만, 위령미사곡이 갖춰야 할 형식 그리고 언어를 따르고 있지 않은 작품들이기에 엄밀히 말하자면 레퀴엠이라고 할 수 없다.*

모차르트 이후 레퀴엠의 경우, 성악과 기악의 균형도 점차 기악으로 기울어진 듯한 느낌이다. 루터의 종교개혁 이후 미사곡이 점점 쇠퇴하면서, 레퀴엠은 본래 목적인 '위령미사'가 아닌, 독립된 하나의 음악 작품이라는 가치에 방점이 찍힌다. 레퀴엠이라는 뼈대를 그대로 유지하고는 있지만, 사실상 하나의 독립적인 예술 작품이 되어 버

* 브리튼의 경우, 기본적인 레퀴엠의 형식은 따르고 있으나 중간중간에 영어로 된 부속가들이 끼어 있다.

린 것이다.

모차르트가 활동하던 당시만 하더라도 구교의 세력이 신교보다 더욱 강한 시기였으므로, 레퀴엠은 단연 미사를 위한 종교음악이었다. 그러나 모차르트는 자신의 재능을 십분 발휘하여 작품의 예술성까지 지켜 냈다.

모차르트의 레퀴엠에 애착이 가는 또 다른 이유는, 작곡가와 작품에 얽힌 기구한 사연 때문이기도 하다. 모차르트의 유작*이기도 한 이 작품은 사실 정체를 알 수 없는 남성의 의뢰로 만들어졌다. 몇몇 모차르트 평전은 당시 투병 중이었던 모차르트가 이 작품을 쓰면서 '자신의 죽음을 보았다'고 말한다. 진짜인지는 알 수 없지만, 죽은 자를 위한 작품을 쓰다가 자신이 숨을 거두었다는 천재 작곡가의 이 기구한 사연을 그저 우연이라고 치부하기도 어렵지 않을까.

---

* 미완성으로 남은 작품을 제자인 쥐스마이어(Franz Xaver Süssmayr)가 완성한 '쥐스마이어판'이 가장 자주 연주된다.

딱 초기 스트라빈스키까지만!

클래식 음악을 좋아한다고 해서 모든 종류의 클래식 음악을 좋아하는 것은 아니다. 특히 현대 음악으로 넘어올수록 그 형식이나 악상이 너무나도 파격적인 작품들이 많아 쉽게 정을 붙이기 힘든 것들이 많다.

바그너는 현대음악의 출몰을 가속화시킨 사람이다. 〈트리스탄과 이졸데〉는 불협화음 활용의 정점에 놓인 작품이다. 곧 협화음으로 해결될 듯, 해결되지 않은 채 끝없이 흘러가는 '트리스탄 코드'를 보고 후대 작곡가들은 조심스레 무조성(無調性)으로 발걸음을 옮겼다. 전통적인 음악 체계 안에서는 그 누구도 바그너가 이루어 놓은 것을 뛰어 넘을 수 없다고 느꼈던 것이다.

쇤베르크*, 베르크(Alban Berg), 베베른(Anton Webern) 등이 이 '무조음악'의 명맥을 이어 나갔다면, 오히려 이들의 너무 실험적인 음악에 반기를 든 작곡가들도 있었다. 대표적인 작곡가가 스트라빈스키(Igor Stravinsky)로, 보통 우리는 그를 신고전주의의 선봉장으로도 부른다. 다만 스트라빈스키가 처음부터 고전음악으로의 회귀를 추구한 것은 아니라는 사실을, 우리는 그의 초기 작품들을 감상함으로써 알 수 있다.

스트라빈스키의 초기 작품이라고 하면, 보통은 〈불새(The Firebird)〉, 〈페트루슈카(Petrushka)〉, 〈봄의 제전(The Rite of Spring)〉의 발레 3부작을 의미한다. 분명 조성음악 안에 머물러 있지만, 불협화음의 충돌이 워낙 많아서 매우 파격적인 작품이라고 할 수 있다. 내가 그어 놓은 마지노선이 바로 여기까지이다. 아직까지 내 귀가 허용하는 현

---

* 쇤베르크도 '무조음악'으로 넘어가기 전, 초기에는 바그너의 영향을 받은 후기 낭만주의 음악을 추구했다. 그중 <구레의 노래(Gurre-Lieder)>는 내가 특히 좋아하는 작품이기도 하다.

대음악은 딱 초기 스트라빈스키에 머물러 있다.

각자의 음악 취향이 다르기 때문에 호불호가 갈리기 마련이지만, 현대음악, 특히나 무조음악의 경우에는 고도로 숙련된 청자가 아니라면 대개는 비슷한 반응을 보인다. 전통적인 조성체계 안에서 음악을 듣도록 훈련된 우리에게는 너무나도 낯선 음악들이기 때문이다.

현대음악 레퍼토리를 넓히고 싶은 독자들이 있다면 스트라빈스키의 초기 작품부터 들어볼 것을 권하고 싶다. 만약 음악만 듣기가 조금 버겁다면 발레음악인 만큼, 발레 공연 영상을 통해 접해 보는 것도 좋다.

나도 요즘 들어 현대음악 마지노선을 조금씩 넓혀 보려고 노력하고 있다. 그런데 이게 참 말처럼 쉽지가 않다.

신동욱, 쳐 보세요

교육대학교에서는 초등학교에서 가르치는 모든 과목을 배운다. 음악도 예외는 아니다. 성악, 지휘, 기악, 음악 이론 등 매 학기 음악에 관한 강좌를 적어도 하나씩 수강하게 된다. 그중 기악에 해당하는 피아노 강좌는 세 학기에 걸쳐 수강하는데, 공교롭게도 두 학기를 신임 교수님께 들었다.

다른 학생들에 비해 조금 두각을 나타내자, 교수님은 내게 시범 조교의 역할을 맡기셨다. 한 작품에 대한 해설과 강의가 끝나면 꼭 뒤따라오는 말이 있었다.

"신동욱, 쳐 보세요."

하루는 강의가 끝나고 교수님이 나를 호출했다. 재학생 피아노 연주회를 계획하고 있는데, 함께 해 보지 않겠느냐는 제안을 하셨다. 처음에는 거절했다. 음악교육과 학생들과 함께 연주회 무대에 오르면 비교 대상이 될 것이 뻔했기 때문이다. 내가 연거푸 거절 의사를 밝히자 교수님도 더는 의사를 묻지 않으셨다. 그런데 연주회를 2주가량 남겨 놓은 어느 날 저녁, 나는 갑작스레 연주회 참가 학생들이 모여 있는 단체 메신저 방에 초대되었다. 영어교육과 소속의 신동욱이라는 학생인데, 연주회가 얼마 남지 않은 시점인 만큼 교과서에 수록된 동요라도 연주를 할 예정이라는, 나와는 상의한 적 없는, 교수님의 소개가 뒤따랐다.

클래식 레퍼토리를 연주하는 다른 학생들 사이에서 나 홀로 동요를 연주하면 평생의 놀림거리가 될 것이 뻔했다. 기숙사로 돌아가 내가 가지고 있던 악보들을 죄다 들췄다. 내 수준에서 2주 만에 완성할 만한 작품을 필사적으로 찾았다. 베토벤의 초기 피아노 소나타 중, 8번 〈비창 소나타(Piano Sonata No. 8 in C minor, Op. 13 'sonata pathetique')〉 가운데 1악장을 연주하기로 했다. 내 암담한 심정을 잘 보여주는 악곡이었다.

그날 이후로 2주 동안 음악관에서 거의 살다시피 했다. 수업이 하나 끝나면 연습실로 달려갔다. 점심시간을 쪼개서 연습하고, 저녁에는 기숙사에 있는 피아노로 연습했다. 막히거나 어려운 부분이 생기면 당당하게 교수님의 연구실로 찾아갔다. 교수님은 친절하게 조언해 주셨다.

"박자가 정확하면 반은 먹고 들어가는 거야."

비창 소나타 1악장에는 옥타브를 넘나드는 왼손의 저음 반주가 반복적으로 들어가는데, 내가 무의식중에 이 반주를 일관되지 못하고 울렁거리게 친 모양이다. 교수님은 정확한 박자를 시종일관 강조하셨다.

"미스 터치를 두려워하지 마라. 대가들도 다 미스 터치를 한다."

내가 미스 터치가 너무 많이 난다고 푸념하자 하신 말씀이다.

"연주에 감정을 싣고 싶거든, 셈여림의 다이내믹으로 실어라."

나는 음악에 감정을 실을 때 줄곧 박자에 변화를 주고는 했다. 그러나 교수님은 이를 경계하라고 하셨다. 특히 베토벤의 작품, 더군다나 초기 작품의 경우, 수비토(Subito)*와 같이 셈여림을 조절하는 식으로 감정을 살려야 한다고 하셨다.

"질정 부분에서는 죽은 척이라도 해라."

비창 소나타 1악장의 절정부에는 저음을 쾅 치고 늘이는 부분이 있다. 이때 체중을 실어 피아노를 꽉 눌러야 한다고 하셨다. 직접 손으로 내

---

* '똑바로', '바르게'라는 뜻. 예를 들어 '수비토 피아노(subito p)'는 포르테(f)로 연주하다가 서서히 작아지지 않고 돌연 피아노(p)로 바꾸어 연주하는 것을 의미한다.

상체를 꽉 누르시며 말이다.

"여백의 미를 즐겨!"

위와 연결되는 주문이다. 늘임표 이후 생기는 여백을 충분히 즐기라고 하셨다. 손과 페달을 함께 뗀 채로!

"손톱 좀 깎아라."

이건 너무나 당연한 얘기다.

그렇게 2주간 맹연습을 한 결과, '완성'이라고 보기는 힘들지만, 어느 정도 곡이 흘러가는 정도까지는 수준을 끌어올릴 수 있었다. 추첨 결과, 나는 마지막 순서로 무대에 올라갔다. 사실 내가 어떻게 연주했는지는 기억도 잘 나지 않는다. 너무 긴장해서, 피아노만 보고 연주하기 바빴다. 여유 따위는 없었다. 나중에 내 연주를 구경하러 온 동기가 찍은 영상을 보니, 미스 터치에, 주체할 수 없는 빠르기에(심지어 이를 방지하기 위해 악보 곳곳에

'침착!', '차분히!'를 적어 두었는데도), 정말 엉망진창이었다.

요즘도 종종 그 영상을 꺼내 보고는 한다. 처음에는 오글거려서 똑바로 쳐다보기도 힘들었던 영상이, 이제는 어찌나 재미있는지 모른다. 압권은 연주를 모두 마치고 박수를 받는 장면이다. 연주는 몰라도, 인사 하나는 깍듯이 참 잘한다.

뉴욕에 가면 반드시 하는 일

2018년 겨울과 2019년 가을, 뉴욕에 다녀왔다. 코로나 사태만 발생하지 않았더라면 나는 2020년 겨울에도 주저하지 않고 뉴욕으로 향했을 것이다. 뉴욕행 항공권은 수요가 많다 보니 외항사의 적절한 경유 편만 찾으면 저렴한 가격으로 발권을 할 수 있다.

뉴욕에 가면 볼 것도, 할 것도 많다. 우선 링컨센터(Lincoln Center)는 하루도 빼먹지 않고 들르는 곳이다. 매일 저녁, 뉴욕 필하모닉의 연주회에 가거나 메트 오페라에서 오페라 공연을 본다. 월요일에는 마스네(Jules Massenet)의 〈마농(Manon)〉을,

화요일에는 푸치니의 〈투란도트(Turandot)〉를, 수요일에는 글루크(Christoph Willibald Gluck)의 〈오르페우스와 에우리디체(Orfeo ed Euridice)〉를, 목요일에는 뉴욕 필하모닉의 콘서트를 보는 식이다. 마티네 콘서트(Martine Concert)*가 있는 날에는 하루에 공연을 두 개씩 보기도 한다. 이렇게 매일매일 다른 작품을 관람할 수 있는 곳은 많지 않다. 새로운 오페라 레퍼토리를 발견하는 쏠쏠한 재미와 동시에 세계 최정상급의 가수들을 만나는 진귀한 경험도 할 수 있다.

맨해튼 그라머시 파크 지구에는 스타이브센트 스퀘어 공원(Stuyvesant Square Park)이라는, 관광객들의 발길이 그리 자주 닿지 않는 곳이 있다. 그곳에 가는 이유는 단 하나다. 드보르자크의 동상이 있기 때문이다. 공원 인근에 있는 이스트 17번가 327번지 건물에는 자그마한 동판도 하나 붙어 있다.

---

* 낮에 하는 공연

저명한 체코 작곡가 안토닌 드보르자크가 이 건물에서 1892년부터 1895년까지 살았음. 그의 100세 생일을 기념함과 동시에 자유 체코슬로바키아의 미래 세대를 위해 체코슬로바키아 망명 정부는 이 비문(碑文)을 1941년 12월 13일에 세움. 드보르자크가 이곳에서 <신세계 교향곡>, <성서의 노래(Biblické písně, Op. 99, B. 185)>, 첼로 협주곡(Cello Concerto in B minor, Op. 104, B. 191)을 비롯한 다수의 작품을 씀.

공원을 빠져나와 18번가를 따라 맨해튼 중심을 향해 걷다 보면 중고 LP 매장이 하나 나온다. 그곳에 가면 캐리어 가방이 하나 꽉 찰 만큼 가득 음반을 구매하게 된다. 오페라 박스 음반처럼 국내에서 구하기 힘든 것들을 매우 합리적인 가격으로 살 수가 있는데, 그래서 아예 빈 캐리어 가방을 하나 끌고 간다. 그래서 뉴욕으로 갈 때에는 짐 가방이 하나지만, 집으로 돌아올 때에는 두 개가 되고는 한다.

조금 제약이 심하다

세계 제일의 음향을 자랑하는 클래식 음악 전용 홀인 뉴욕의 카네기 홀, 그중에서도 메인 홀에 해당하는 스턴 오디토리엄(Stern Auditorium)*에는 조금 특별한 좌석이 있다. 세계 제일의 공연장인 만큼, 이곳의 공연 티켓 값은 학생 신분인 내게는 적잖이 부담스러운 수준이다. 그런데 유독 가격이 싼 좌석이 있었다. 시야가 일부 가려지는 좌석인가 싶었는데 그것도 아니었다. 다리 공간에만 약간의 제약이 있는 좌석(Restricted Leg Room Area)이

* 저명한 바이올리니스트 아이작 스턴(Isaac Stern)의 이름을 땄다.

었다. 제약이 있어 봐야 얼마나 있겠는가, 어차피 다리도 짧아서 쭉 뻗지만 않으면 아무 불편함 없이 공연을 관람할 수 있을 줄 알았다.

카네기 홀은 독특하게 하우스 입장 전에 관객들을 2층의 작은 박물관으로 안내한다. 단순한 공연장이 아닌, 살아 있는 클래식 음악 공연의 역사 그 자체인 곳이기 때문이다. 하우스 오픈 시간이 되고, 가장 높은 층의 입구로 들어가자 백발의 하우스 어텐던트가 프로그램북을 하나 쥐여 주며 좌석을 안내해 주셨다. 좌석에 가 앉으려 하는데, 앉을 수가 없었다. 의자를 내리면 앞의 난간과 딱 붙어 버려서 다리를 놓을 공간이 없어진다. 내 굵은 다리의 문제가 아니다. 정말 어린아이나 비쩍 마른 사람이 신발을 벗고 양반다리 앉듯이 하지 않으면 앉을 수가 없는 수준이었다. 다행히도 아직 옆 자리가 비어 다리를 양옆으로 쫙 벌리고 앉았다.

공연이 시작되기까지 남은 시간은 약 20분, 제발 옆 자리에 아무도 없어라 속으로 얼마나 기도했는지 모른다. 기도발이 먹혔나 보다. 거의 만석이었던 공연장 좌석 가운데 정말 내 양옆 자리만 딱 비었다. 나만 빼고 다들 이 좌석이 '다리 공간에 제약이 있는 좌석'이 아니라 '다리 공간이 없는 좌석(No Leg Room Area)'인 것을 알았던 모양이다.

공연이 시작되자 내 불편한 자세는 금방 잊혔다. 발레리 게르기예프(Valery Gergiev)가 지휘하는 뮌헨 필하모닉 오케스트라(Münchner Philharmoniker)의 브루크너 교향곡 7번(Symphony No. 7 in E major, WAB 107)은, 사실 무릎을 꿇고 들었어도 무릎 아픈지 몰랐을 것이다. 정말 대단한 연주였다.

휠체어 탄 지휘자

2018년 여름, 로마에서의 일이다. 여름밤에만 만날 수 있는 특별한 공연이 있다. 바로 야외에서 펼쳐지는 연주회다. 산타 체칠리아 국립음악원 관현악단(Orchestra dell'Accademia Nazionale di Santa Cecilia)은 이탈리아에서 가장 역사가 오래된 연주회 전문 관현악단임과 동시에 최고의 실력을 자랑하는 악단이다. 로마로 떠난 내가 이 악단의 연주회를 놓칠 리가 없었다.

오후 아홉 시, 연주회 시간치고는 다소 늦은 편이다. 그도 그럴 것이, 로마의 하늘은 이제야 조금씩 어둑어둑해지고 있었다. 파르코 델라 뮤지카

오디토리움(Auditorium Parco Della Musica) 야외공연장은 점점 인파들로 가득 찼다.

첫 인상은 그리 좋지 못했다. 어떻게 하필이면 딱 내 자리에만 새똥이 묻어 있는 걸까. 배낭에 물티슈를 챙겨 왔으니 망정이지 하마터면 기분이 영 나빠질 뻔했다. 또 옆자리 여성은 어찌나 그리 담배를 뻑뻑 피워 대던지, 잠시 피해 있다가 공연이 시작되기 직전에 다시 자리로 돌아왔다.

무대 위에 단원들이 하나 둘 입장하고, 튜닝까지 모두 끝났다. 다시 문이 열렸다. 이제 지휘자가 들어와야 하는데 어째 문 뒤가 잠잠하다. 한참이 지나서야 누군가가 들어왔다. 한 여성의 뒷모습이 먼저 보이더니 이내 그 여성이 끄는 휠체어에 앉아 있는 지휘자 에지오 보쏘(Ezio Bosso)가 눈에 들어왔다.

휠체어 탄 지휘자를 보는 것은 태어나서 처음이었다. '하체를 쓸 수 없는데 지휘를 하는 데 제약이 있지 않을까?' 하는 의문도 잠시, 자신의 첫 번째 교향곡 〈대양(Symphony No. 1 'Oceani')〉을 지휘하는 그의 모습은 그 어느 지휘자의 모습보다도 강렬했다. 세 악장으로 된 이 작품은, 1악장

'대서양', 2악장 '남극해', 3악장 '인도양'으로 악장별 표제가 붙어 있었다.

사실 곡이 단조롭다는 느낌을 지우기가 힘들었다. '바다'라는 주제로 전 악장을 묶어 내려다 보니 각 악장의 주제부가 비슷해졌다. 악상을 풀어내는 방식도 거의 유사하게 분산화음을 활용하고 있었다. 단조로움을 피하기 위해 약간씩 변형을 가해 중간에 악기를 추가한다든지 빠르기를 조절하는 정도의 변화는 있었지만 결과적으로 곡의 단조로움을 없애기에는 역부족이었다.

다만, 에지오 보쏘의 지휘만큼은 굉장히 인상적이었다. 산만하리만치 상체 움직임이 컸다. 하체를 움직일 수 없는 자신의 신체적 한계를 상체의 적극적인 움직임으로 대신하고자 하는지도 모르겠다는 생각마저 들었다.

이어서 드보르자크의 교향곡 9번 〈신세계로부터〉를 대하는 보쏘의 태도는 자신의 작품을 대하는 태도와는 사뭇 달랐다. 한층 진지하고 담백한 모습으로 훌륭한 드보르자크를 만들어 냈다. 선배 작곡가에 대한 존경심과 경외심마저 느껴지는 뒷모습이었다.

연주를 마친 보쏘는 객석 쪽으로 몸을 틀어 관객들과 끊임없이 소통했다. 무슨 말을 한 건지는 잘 모르지만, 뭔가 많이 고마웠던 모양이다. 유독 '감사합니다'라는 뜻의 "그라찌에(Grazie)"라는 말이 자주 들렸다.

얼마 전, 에지오 보쏘가 신경퇴행성 질병으로 투병하다 끝내 세상을 떠났다는 안타까운 소식을 접했다. 그곳에서는 조금 더 자유로운 몸으로 그가 자신의 음악세계를 펼쳐 나가기를 마음속으로 바라 본다.

하늘에서 내려온 소프라노

지루할 줄만 알았던 오페라 공연이 코미디 무대로 탈바꿈할 때도 있다.

뉴욕 링컨센터의 메트 오페라에서 글루크의 〈오르페우스와 에우리디체〉를 관람한 날이었다. 메트 오페라는 화려한 무대장치를 사용하기로 유명하다. 무대를 빙글빙글 회전시키는가 하면, 화려한 무대 배경이 순식간에 하늘로 올라가 사라지는 마술 같은 광경이 펼쳐질 때도 있다.

헌데 이날따라 유독 무대가 밋밋해 보였다. 합창 단원들의 의상도 하나같이 무채색 계열이었고, 주연인 오르페우스도 온몸을 검은 옷으로 뒤덮고 나왔다. 고전 오페라여서 그런가 보다 속으로 생각하던 찰나, 두 눈을 의심하게 만드는 장면이 등장했다.

무대 위에서 앙증맞은 날개를 등에 단 무언가가 와이어를 타고 쑥 내려왔다. 사랑의 여신 아모레로 분한 박혜상 소프라노였다. 너무 생뚱맞은 아모레의 등장에 객석이 들썩거리기 시작했다. 의상마저 눈에 확 띄는 진분홍색을 걸친 아모레는 와이어에 매달린 채 연신 귀여운 포즈를 날려 댔고, 결국 관객들은 참지 못하고 파안대소를 터뜨렸다.

왜 유독 이날 공연이 그랬는지 모르겠다. 관객들의 웃음이 또 한 차례 크게 터졌다. 지하세계를 완전히 빠져나가기 전까지 절대 뒤를 돌아보지 않는다는 조건으로 아내인 에우리디체를 구한 오르페우스였건만, 에우리디체의 끝없는 유혹으로 결국 뒤를 돌아본다.

계약에 따라 에우리디체가 다시 지하세계로 끌려가게 되는데, 지하세계로부터 온 네 명의 부하들이 에우리디체로 분한 홍혜경 소프라노를 시원스럽게 데려가지 못하고 끙끙댄다. 에우리디체가 무거워서였을까, 비틀거리며 다시 지하세계의 계단을 내려가는 부하들을 보고는 관객들이 다시 한 번 박장대소를 터뜨렸다.

원작이 되는 그리스 로마 신화에서는 이렇게 결국 오르페우스가 에우리디체를 구하는 데 실패하지만 글루크의 오페라는 해피엔딩으로 끝난다. 오르페우스의 간청에 사랑의 여신 아모레가 감동하여 다시 한 번 에우리디체를 구원해 준 것이다. 아까 에우리디체를 데려갔던 네 명의 부하들이 다시 그녀를 머리 위로 번쩍 들어 데려왔다. 그런데 여전히 넷의 합이 맞지를 않는다. 다시 한 번 관객들의 웃음. 이 정도면 이제 오페라가 아니라 코미디 무대다.

세상에서 가장 우렁찬 브라보!

러시아에서 월드컵 축구 경기가 한창이던 2018년 6월, 내가 도쿄에 간 것은 오로지 일본 최고의 클래식 음악 전용 홀, 산토리 홀(Suntory Hall)의 공연을 관람하기 위해서였다.

원래라면 일찍 일어나서 가볍게 긴자 거리를 산책한 뒤, 일찌감치 산토리 홀로 넘어가 커피 한 잔 홀짝이며 여유 있게 공연을 기다릴 생각이었다. 하지만 전날 술자리의 후유증이 가시지를 않은 탓인지 숙취에 머리는 지끈거리고, 어찌나 소리를 질러 댔던지 목이 다 쉬어 목소리마저 갈라졌다. 전날 우리나라가 독일을 상대로 말도 안 되는 승리를 거둬 버려, 게스트하우스에서 만난 친구들과 밤새 파티를 벌인 탓이다.

컨디션이 영 별로여서 일정 취소라는 잠시 해서는 안 될 생각을 했지만, 산토리 홀, 그리고 심지어 말러였다. 다시는 오지 않을 기회일지도 모르는 일이었다. 결국 긴자 거리를 산책하려던 계획만 취소하고 느지막이 숙소를 빠져나와 바로 산토리 홀로 향했다.

요미우리 니폰 심포니 오케스트라(Yomiuri Nippon Symphony Orchestra)는 일본에서 세 손가락 안에 들어가는 오케스트라이다. 특히 NHK 교향악단과 함께 아시아에서 유'이'하게 전 세계에서 가장 권위 있는 음악축제인 잘츠부르크 페스티벌(Salzburger Festspiele)에 초청받기도 했다. 또한, 얼마 전에 타계한 거장 쿠르트 마주어(Kurt Masur)가 상임지휘자로 재임하기도 했다. 낯익은 이름에서 알 수 있듯 요미우리 자이언츠 야구단과 모기업이 같다.

코넬리우스 마이스터(Cornelius Meister)가 지휘한 요미우리 심포니의 공연은 완벽하다고 말할 수 있었다. 우선 연주자들을 보며 느꼈던 것은 정말 음 하나 하나를 온몸으로 느끼며 연주한다는 것이다. 매 음에 혼을 담아 연주하는 느낌이었다. 마이스터 지휘자는 1980년생의 젊은 지휘자로 경쾌한 하체 움직임이 인상적이었다. 움직임이 큰 편이어서 요미우리 심포니 단원들과 굉장히 잘 어울렸다.

말러 교향곡 2번 〈부활(Symphony No. 2 in C minor, 'Auferstehung')〉의 마지막 악장에는 대규모 합창단이 투입된다. 교향곡 1번(Symphony No. 1 in D major)에서 천국으로 떠난 '방황하던 젊은이'가 바로 여기서 화려하게 부활한다. 말러의 모든 교향곡을 통틀어 놓고 봐도 가장 압권인 순간이 아닐 수 없다. 무대 뒤편, 6천여 개의 오르간 파이프가 웅장하게 울려 퍼지면서 화려하게 연주가 끝났다.

곳곳에서 '브라보!' 소리와 함께 환호와 박수갈채가 터져 나왔다. 내 생애 이렇게 웅장한 환호 소리는 처음이다. 나도 '브라비!'*를 외치고 싶은

---

* '브라보'의 복수형, 보통 모든 연주자와 합창단에게 찬사를 보내기 위해 사용한다.

데 목소리가 제대로 나오지 않아서 끝의 '(브라)비!' '(브라)비!' 소리밖에 들리지 않았다. 다행히도 옆자리 아저씨가 우렁찬 '브라보!'로 내 간절한 마음을 대신 무대까지 전달해 주었다. 성량이 어찌나 좋던지, 성악가를 해도 될 것 같았다. 아니면 혹시 성악가 출신인가?

혹자는 여독을 풀기 위해 일본 여행의 마지막을 온천욕으로 마무리하라고 이야기했지만, 적어도 나는 온천보다는 음악회가 훨씬 피로를 풀기에 좋다. 지끈거리던 머리도 언제 그랬냐는 듯이 싹 나았다. 이것이 바로 음악의 힘이다.

어깨가 들썩들썩

스탈린 시대를 살았던 작곡가 쇼스타코비치의 교향곡 5번(Symphony No. 5 in D minor, Op. 47)은 그 시대만큼이나 굉장히 혁명적이다. 이 작품을 처음 접한 내게 특히나 충격적이었던 대목은 마지막 악장, 그중에서도 가장 마지막 대목에 등장해서 끝없이 반복되는 라장조의 으뜸화음이다. 무한히 반복되는 현악기와 목관악기의 '라(A)' 음 위에 팀파니가 '라(A)' 음과 '레(D)'의 5도 사이를 연타한다. 그 구간이 어찌나 긴지 연주가 끝나면 귀에 환청이 들릴 정도이다.

유독 인간은 반복적인 음형에 민감하게 반응

하는 모양이다. 당황스러움을 금치 못했던 기억이 하나 떠오른다. 이제껏 연주회장에 단 한 번도 가 본 적이 없다는 친구를 데리고 간 연주회, 같은 러시아 출신의 작곡가인 프로코피예프(Sergei Prokofiev)의 〈로미오와 줄리엣 모음곡(Romeo and Juliet Suite, Op. 64)〉이 연주됐다. 원래는 발레를 위해 쓰인 곡을 연주회용으로 발췌한 작품인데, 대개는 극의 흐름과는 상관없이 수록곡을 배치하여 연주하며 보통 '티볼트의 죽음(Death of Tybalt)'이 가장 마지막 순서에 연주되고는 한다.

이 '티볼트의 죽음'의 마지막 대목에는 작은북의 반복적인 리듬 위에 '도'와 '시'가 단2도 간격으로 반복되는 음형이 등장한다. 로미오와 결투 끝에 치명상을 입은 티볼트가 죽어가는 모습을 묘사한 긴장감 넘치는 대목이다.

안 그래도 처음 관람하는 연주회가 신기했던 친구는 이러한 배경도 전혀 모른 채 그저 반복되는 악상의 등장에 마냥 신났던 모양이다. 갑자기 친구의 어깨가 리듬에 맞춰 들썩거리기 시작했다. 하지 말라는 눈길을 스윽 줬는데도 친구는 뭐가 문제냐는 표정으로 어깨춤을 멈추지 않았다. 이번에는 손으로 친구의 어깨를 힘주어 눌렀다. 그제야 친구는 어깨춤을 멈췄다. 연주회가 끝나고 따끔하게 한마디를 하는데 친구는 오히려 적반하장이었다.

"클래식은 왜 꼭 점잔 떨면서 봐야 돼? 이해할 수가 없네."

내가 친구의 이 말에 당당하게 대꾸하지 못한 것은, 나도 그런 경험이 있었기 때문이다. 동네 도서관에서 홀로 재수를 하던 때의 일이다. 열람실 구석 자리에서 열심히 공부를 하다가 잠시 머리를 식히러 바깥바람을 쐬고 들어왔는데 내 자리에 못 보던 메모지가 한 장 붙어 있었다. 같은 처지에 있는 사람끼리 언제 한번 밥이나 먹자는 환영의 문구일 줄 알았는데 그럴 리가 없지. 내 자리에서 바스락거리는 소리가 너무 심하게 나니 조금 조심해 달라는 경고의 메시지였다. '내가 바스락거린다고?' 다리 한 번 떨지 않고 얌전히 앉아서 공부하는 내가 바스락거릴 리 없다. 괜히 자기가 공부 잘 안 되니 내게 시비 거는 건가 싶어서 그냥 조용히 무시하고 다시 귀에 이어폰을 꽂았다. 한 10분이나 지났을까, 너무 깜짝 놀랐다.

흘러나오는 음악에 맞춰서 내가 무의식적으로 상체를 떨고 있었던 것이다. 그리고 상체를 떨 때마다 입고 있던 바람막이 점퍼에서 바스락거리는 소리가 났다. 그때서야 주위 사람들에게 미안한 마음이 들었다. 귀에서 이어폰을 얼른 빼내고는 바람막이 점퍼를 벗어서 가방에 집어넣었다. 그 익명의 제보자가 아니었다면 평생 내 무의식적인 습관을 모른 채 살 뻔했다.

그 이후로는 도서관에서 절대 흥겨운 음악을 듣지 않는다. 잔잔하고 조용한 음악만. 사실 이런 음악을 들을 때 공부도 더 잘된다.

굳이 거기를 가야겠어?

내 사촌 형은 폴란드에 산다. 그곳에서 직장생활을 하다가 결혼도 하고 예쁜 딸도 하나 낳아 살고 있다. 훈련소 입소를 얼마 앞두지 않은 2018년 12월 말, 태어나서 처음으로 폴란드에 가보기로 했다. 형에게 방문 계획을 알렸다. 대강 스케줄을 짜서 보내 달라는 형의 요청에 가장 먼저 찾기 시작한 것은 어디서 신년 음악회를 들을 것인가였다.

인터넷으로 지도를 훑어보면서 사촌 형이 살고 있는 폴란드 남서부의 브로츠와프(Wrocław)를 중심으로 주요 도시에 위치한 공연장의 일정을 조사하기 시작했다. 국경을 맞대고 있는 가까운 국가이지만, 지난번 독일에 다녀왔을 때와는 사뭇 다른 느낌이었다. 거의 매일 오페라나 연주회가 열리는 독일의 도시들과는 달리, 이곳에서는 마땅한 음악회를 찾기가 힘들었다. 이번에는 조금 범위를 넓혀서 폴란드 전역을 뒤지기 시작했다. 어렵사리 하나를 발견했다. 폴란드 동쪽 끝에 있는 작은 도시 루블린(Lublin)이었다.

덕분에 동선은 보기 좋게 꼬여 버렸다. 사촌 형을 만나기로 한 날짜가 1월 2일인데, 12월 31일 바르샤바에 도착해서 1월 1일에 루블린에서 신년 음악회를 봐야 하니, 바르샤바에 도착하자마자 루블린으로 넘어가 음악회를 보고 바로 브로츠와프로 다시 이동해야 하는 복잡한 여행 동선이 되어 버리고 말았다. 대충 동선을 정리해서 보내 주니 사촌 형이 기겁을 한다. 그 볼 것도 없는 동네를 굳이 가야겠냐면서 말이다.

그러나 음악이 없으면 애초에 굳이 그 먼 길을 떠나지 않았을 것이다. 음악회는 나의 동력이요, 여행의 이유다. 게다가 신년 음악회다. 신년 음악회를 보지 않고서는 한 해를 시작했다고 말할 수가 없다. 1월 2일 아침 일찍 비행기를 타고서라도 늦지 않게 형에게로 가리라 약속한 후에야 여행 일정을 허락 받을 수 있었다.

루블린에서 신년 음악회를 관람하고, 다음 날 브로츠와프로 가는 가장 이른 비행기를 탔다. 심지어 직항이 없어서 바르샤바를 경유해서 날아가야 했다. 루블린 공항에서 비행기를 기다리는데, 이미 예정 시간이 지났건만 터미널 창문 밖으로 비행기가 한 대도 보이지 않았다. 예정보다 약 한 시간이나 늦어서야 루블린을 떠날 수 있었다.

연결 편 비행기에 늦을까 봐 바르샤바 공항에서 어찌나 바삐 뛰어다녔는지 모른다. 파이널 콜에 내 이름까지 불리고 정말 마지막 순서로 비행기에 탑승했다. 나도 이렇게 아슬아슬하게 탔는데, 짐은 제대로 실렸을지 불안했다.

브로츠와프 공항에 도착했을 때는 이미 해가 진 이후였다. 슬픈 예감은 틀린 적이 없다고 했던가. 수하물 찾는 곳에서 짐이 나오기를 기다리는데 끝까지 보이지 않았다. 망연자실한 표정으로 수하물 벨트를 쳐다보고 있는 나에게, 직원이 '이미 모든 수하물이 다 나왔다'며 바깥의 안내데스크에서 수하물 분실 신고를 하라고 했다.

안내데스크에서 직원과 서로 짧은 영어로 소통을 하고 있는데 마중 나와 있던 사촌 형이 뛰어왔다. 형에게 자초지종을 설명했더니 나 대신 직원에게 폴란드어로 뭐라고 강하게 이야기를 했다. 한 2분이나 이야기 했을까, 다 됐단다. 직원이 내미는 종이에 서명을 했더니, 내일 중으로 수하물을 배달해 주겠다고 했다.

다사다난한 여정 끝에 도착한 사촌 형의 집, "웰컴 도넛!"('동욱' 발음을 못하는 우리 형수는 나를 '도넛'이라고 부른다. 일종의 애칭인 셈이다.)을 외치는 형수는 내가 루블린을 거쳐서 왔다는 걸 아직 모르는 듯했다. 저녁을 먹으면서 이야기했더니 '왜 굳이 거기를 갔어?' 하는 표정이다. 루블린은 별로 안 예쁜 동네라면서 말이다.

하지만 내게 예쁘고 안 예쁘고는 중요하지 않다. 음악이 있느냐 없느냐, 오로지 그것만이 문제일 뿐.

뜻하지 않은 연주회, 운명적인 만남

공연의 질을 좌우하는 요소로 '배부된 초대권의 수'를 꼽는 경우가 있다. '초대권이 많이 배부된 모양이다'라는 공연 후기는 '관객들의 매너와 집중력이 좋지 않았다'라는 것을 에둘러 말하는 표현으로 종종 사용된다. 직접 돈을 주고 티켓을 산 관객들보다는 공연에 대한 집중력이 아무래도 떨어질 가능성이 있다는 점에서, 아예 근거 없는 표현이라고 할 수는 없다.

대부분의 공연은 직접 티켓을 예매해서 관람하지만, 내가 클래식 음악을 좋아한다는 것을 잘 아는 주변 사람들이 종종 초대권을 선물해 줄 때도 있다. 정말 피치 못한 사정이 있는 경우를 제외하고는 선물 받은 초대권으로 공연을 보러 간다. 한번은 교생실습을 하던 중 담임 선생님이 '내일자 연주회 초대권이 있는데 수업 준비하느라 바쁘시겠지만 혹시 갈 선생님이 있냐'는 제안을 하신 적이 있다. 다른 교생 선생님들이 다 난색을 비쳤던 반면, 나는 홀로 흔쾌히 티켓를 받아 연주회에 갔다.

뜻하지 않은 연주회에 갈 때면 '경우 없는 무료입장 관객'이 되지 않기 위해 매너에 더욱 신경쓰려고 한다. 몸을 움직이지 않으려 최대한 노력하고, 연주가 끝나면 평소보다 더 열정적으로 박수를 보낸다.

원래라면 만나지 못했을 음악을 마치 운명처럼 만나게 되는 셈이니, 이런 연주회는 너무나도 고마운 기회이다. 실내악과 그리 가깝지 못했던 내가 멘델스존의 현악팔중주(Octet in E-flat major, Op. 20), 엘가의 현을 위한 세레나데(Serenade for Strings in E minor, Op. 20)에 빠지게 된 것도, 현대음악에 막연한 거부감을 가지고 있던 내가 피아졸라(Astor Piazzolla)와 베리오(Luciano Berio)의 음악을 일부러 찾아 듣기 시작한 것도, 다 이러한 운명적인 만남 덕분이다.

공연을 보고 나오면 꼭 티켓을 선물해 준 사람에게 관람 인증사진과 함께 '덕분에 공연을 잘 보고 나왔다'는 감사 인사를 전한다. 그들이 내게 준 것은 작은 티켓 한 장에 불과할지 모르나, 그로 인해 나는 소중한 들을 거리를 선물 받은 것이기 때문이다.

포도 향 차이콥스키

사회복무를 하던 어느 겨울 날, 임용시험 1차를 막 치른 대학 동기에게 연락이 왔다. 아직 결과가 발표되기 전이었지만, 자신의 느낌으로 보건대 합격하기 쉽지 않겠다는 이야기를 하면서 내가 있는 인천으로 한번 오고 싶다고 했다. 풀이 죽어 있는 친구를 위로해 주러 내가 가도 모자랄 판에 오히려 이쪽으로 오겠다니. 내가 가겠다고 극구 말렸지만 그 친구는 원래도 한번 가보고 싶었다며 자신이 오겠단다. 하는 수 없이 그러라고 했다. 착잡한 마음에 먼 길을 올 친구를 위로할 작은 선물을 하나 주고 싶어졌다. 그것도 의미 있는 선물을 주고 싶었다. 생각에 잠긴 채 방 안을 서성이다 보니 순간 아이디어가 번뜩였다.

그 친구는 유독 차이콥스키의 바이올린 협주곡을 좋아했다. 반복되는 강렬한 주제선율이 인상적이라고 했다. 독일 낭만주의의 기틀 위에 살포시 얹힌 러시아의 향기. 차이콥스키 작품의 매력에 한 번 푹 빠진 사람은 쉬이 빠져나오기가 어려운 것이 사실이다.

내 방 책장 한편에 얼마 전 사서 고이 모셔둔 사라 장(Sarah Chang)의 차이콥스키 바이올린 협주곡 LP 음반이 눈에 들어왔다. 그 친구에게 이 음반을 선물하면 딱 좋을 것 같았다. 음반을 품에 끼고 친구를 만나 돈가스집으로 향했다. 맛있는 돈가스를 먹는데 친구의 표정이 영 좋지 않다. 준비한 선물을 친구에게 건넸다. 그제야 친구의 얼굴 표정이 조금 밝아졌다. 집에 턴테이블이 없더라도 그 음반을 볼 때마다 차이콥스키의 바이올린 협주곡을 머릿속에 떠올릴 테니, 음악을 듣는 것과 마찬가지가 되는 셈이다.

서로 하고 싶었던 말이 참 많았던 모양이다. 우리의 만남은 와인 바까지 이어졌다. 한 잔, 두

잔 와인을 걸치다 취기가 올랐는지 친구의 말이 빨라지고 손짓이 과감해졌다. 결국 일을 냈다. 와인 잔을 툭 쳐서 테이블 밑으로 떨어뜨린 것이다. 와인 잔이 깨진 것은 물론, 엎질러진 와인이 고스란히 사라 장의 얼굴로 떨어졌다. 뜯지도 않은 새 음반이 와인 범벅이 되어 버렸다. 물기는 닦아냈지만, 아마 한동안 그 음반에서는 와인 향이 진동할 것이다.

그런데 은근히 잘 어울리지 않는가? '포도 향' 차이콥스키.

엘렌 그리모를 좋아하던 그 친구

KBS교향악단 대학생 명예기자 시절의 일이다. 음악제 취재를 위해 동료 기자와 함께 여수에 내려간 적이 있다. 나흘 동안 예울마루*를 중심으로 여수 곳곳에서 펼쳐지는 공연을 쫓아다니며 취재하는 것이 우리의 일이었다.

가을비는 빗자루로도 막는다는 말이 무색하게, 비가 유독 세차게 퍼붓던 날이었다. 우산을 써도 세찬 비바람에 옷이 흠뻑 다 젖을 정도였다. 그래도 우리는 여수 시내를 부지런하게 돌아다니며

---

* 여수시 시전동에 위치한 종합공연장

아티스트와 관객들을 만나 인터뷰하고, 영상을 찍어 편집했다. 비가 어찌나 많이 내렸던지 오후에 예정되었던 야외 공연이 불가능해져서 급하게 실내로 장소를 옮겨 공연이 진행됐다. 정말 정신없는 날이었다.

유독 힘들었던 하루, 취재를 모두 마치고 호텔로 돌아온 나와 동료 기자는 근처 슈퍼마켓에서 과자와 맥주를 사 와 작은 파티를 벌였다. 과자보다는 음악 이야기가 더 좋은 안줏거리가 됐다. 서로 좋아하는 음악을 들려주면서 감상을 묻고, 같은 작품을 다룬 두 개의 음반 중 어느 쪽이 더 훌륭한지 토론도 했다. 술을 마시며 이렇게 온전히 음악 이야기만 해 보기는 또 처음이었다.

음악 이야기는 파티가 모두 끝나고 잠을 자기 위해 서로 침대에 눕는 시간까지 계속됐다. 동료 기자가 갑자기 음악을 틀었다. 엘렌 그리모(Hélène Grimaud)가 연주한 라벨(Maurice Ravel)의 피아노 협주곡(Piano Concerto in G major, M. 83) 중 2악장이었다. 유독 엘렌 그리모를 좋아한다고 고백한 그 친구는 잠이 잘 오지 않을 때 밤새도록 틀어 놓으면 잠이 잘 온다며 그 음악을 추천했다. 어디 정말 그

럴까 궁금한 마음에 음악을 틀어 놓고 잠을 자자고 했다.

술기운 때문인지, 엘렌 그리모의 음악 때문인지 정말 곧 단잠에 빠졌다. 눈을 떴을 때는 이미 여명이 객실 창문 안으로 살포시 스며든 이른 새벽이었다. 라벨의 피아노 협주곡은 여전히 2악장에 머물러 있었고, 어제 그렇게 세차게 내리던 비도 어느새 뚝 그치어 있었다.

기차역에서 만난 팀파니스트

여수에서 음악제 취재를 마치고 다시 서울로 올라오기 위해 여수엑스포역에 왔는데, 저 앞에서 익숙한 뒷모습이 보였다. KBS교향악단의 이영완 수석 팀파니스트였다. 여수에서 하루 더 묵고 올라오는 다른 단원들과는 달리 미리 서울로 올라가는 모양이었다. 동료 기자와 인사를 드리는데 너무 반갑게 맞이해 주셨다. 안 그래도 혼자 저녁 식사를 하기 적적했는데 함께 식사를 하자고 하셔서, 역사 안에 있는 도시락집에서 카레를 먹으며 이러저러한 음악 이야기를 나누었다.

연습은 어떻게 하는지, 이번에 연주했던 공연

장의 음향은 어땠는지, 가장 좋아하는 작품은 무엇인지 등 정말 다양한 것들을 물었는데도 귀찮은 내색 하나 없이 너무나도 친절하게 대답해 주셨다. 심지어 음악에 열정과 관심을 가져 줘서 고맙다고까지 하셨다. 이영완 팀파니스트와 나누었던 대화를 아래에 일부 공개한다.

타악기, 또 팀파니에 대해서 소개 부탁드린다.

이: 팀파니는 지휘자 다음으로 오케스트라를 끌어가는 역할을 해야 한다. 팀파니는 두 번째 지휘자다. 맨 뒤에 있다 보니까 오케스트라 연주 분위기를 많이 좌지우지할 수 있다. 어떤 태도와 어떤 마음가짐으로 임하느냐에 따라 연주가 많이 달라질 것이다.

개인적으로 아끼거나 좋아하는 작품은?

이: 베토벤을 좋아한다. 어렸을 때는 교향곡 5번(Symphony No. 5 in C minor, Op. 67)을 많이 좋아했고, 이후에도 계속 베토벤을 좋아해 왔다. 오늘

〈합창 교향곡〉을 연주했는데, 연주할 때마다 가슴이 설렌다. 〈합창 교향곡〉은 주로 연말에 공연을 한다. 여름이 지나고 찬바람이 불기 시작하면 베토벤을 다시 만날 수 있다는 기대감에 가슴이 벅차오른다. 1악장 시작의 현악 선율과 동시에 순식간에 음악 속으로 쑥 빨려 들어간다.

특유의 주법*이 있으신 것 같다.

이: 그렇게 하는 것이 편하고, 표현을 잘할 수 있어서 그렇게 연주한다. 연주할 때 그렇게 해야 훨씬 더 몰입되고, 표현도 잘할 수 있다. 표현하고 소리를 만드는 것에 신경을 많이 쓰고 있다.

음악감독을 맡고 있는 카로스 타악기 앙상블에 대해 소개 부탁드린다.

이: (창단한 지) 30년 정도 됐다. 오케스트라에

---

* KBS교향악단의 공연을 적지 않게 본 결과, 이영완 팀파니스트의 독특한 주법을 하나 발견했다. 반복적인 타음 전에 타음하는 척 동작을 취하며 예비박을 세는 것이다.

서 하는 연주도 중요하지만, 타악기는 오케스트라 외에 우리 소리만 갖고도 굉장히 다양한 음악을 표현할 수 있다. 그렇기 때문에, 젊을 때 창단했다. 거기 계신 분들은 정말 톱클래스 연주자들이다. 30년 전부터 (단원들도) 거의 보존이 됐다. 또, 단원들이 나보다 훨씬 잘한다. 감히 말씀드리자면 세계 최고의 앙상블이다. 누구도, 전 세계의 어느 앙상블도 이런 음악을 만들어 낼 수 없다. 지휘자 없이, 악장(퍼스트 마림바) 중심으로 너무나 멋진 음악을 만들어 낸다. 내 모든 명예를 걸고 꼭 공연을 보러 오길 추천하고 싶다. 우리 단원들은 소속이 있는 사람들도 있다. 오케스트라 일정으로 바빠서 자주 참여하지 못하고 있지만 같은 연주자로서 정말 박수를 보내고 싶다. 이렇게 훌륭한 음악을 앞으로 많은 사람들과 나눌 수 있었으면 좋겠다.

클래식이 흐르는 카페

사회복무요원 시절, 12시부터 1시까지 주어지는 점심시간 중 내가 실제로 밥 먹는 데 사용한 시간은 20분 남짓이었다. 나머지 시간은 동네의 카페를 탐방하는 데 쓰고는 했다. 동네 이곳저곳에 카페가 많아진 요즘은 새로운 카페를 찾아다니는 것도 나름 재미있는 취미가 되었다.

요즘은 스마트폰의 지도 어플리케이션을 통해 쉽게 식당이나 카페의 별점을 매길 수 있다. 별점을 매길 때, 내가 가장 큰 비중을 두는 것은 '화장실이 청결한지'의 여부이다. 아무리 커피 맛이 좋아도 가게가, 특히 화장실이 청결하지 않으면 다시 찾고 싶은 마음이 사라진다.

그다음으로 중요한 요소는 인테리어이다. '뉴트로'가 유행하는 요즘, 새로 생기는 카페들의 인테리어가 참 천편일률적이라는 생각이 들어 아쉽다. 다른 곳에서 쉬이 찾아볼 수 없는, 그 카페만의 독특함이 묻어나는 인테리어를 하는 것은 손님들을 굳이 다른 카페가 아닌 그 카페로 오게 만드는 하나의 전략이 되기도 한다.

커피 맛이 좋고, 화장실이 청결하고, 개성 있는 인테리어를 갖췄다면, 별 네 개 반을 받을 충분한 자격이 성립된다. 그리고, 별 다섯 개를 완성시키는 마지막 조건은 바로, '카페에 흐르는 음악'이다.

내가 지금껏 별 다섯 개를 준 카페는 단 하나뿐이다. 동네 골목길 모퉁이에 위치한 자그마한 카페. 문을 열고 들어가는데 차이콥스키의 피아노 협주곡 1번, 그중에서도 너무나 아름다운 2악장의 선율이 아련하게 들려왔다. 클래식이 흐르는 카페는 난생처음이었다. 그것도 우리 동네에서 이런 곳을 발견하리라고는 전혀 상상하지 못했다.

점심시간이 끝나기까지 시간이 얼마 남지 않

아 아이스 아메리카노 한 잔을 서둘러 들이켜고는 카페를 나왔다. 덕분에 그날 오후는 기분이 좋았다.

퇴근 시간, 그 좋은 기분을 조금 더 누리고 싶다는 욕구가 머릿속을 떠나지 않았다. 다시 그 카페로 향했다. 이제는 그리그의 피아노 협주곡이 흐르고 있었다. 이번에는 조금 오래 앉아 있을 요량으로 따뜻한 아메리카노를 한 잔 주문했다. 아까도 오지 않았냐며 인사하는 사장님께 대뜸 감사의 인사를 했다. 벙찐 표정의 사장님께 자초지종을 설명했다.

"클래식 나오는 카페는 처음이라서요."

푸르트벵글러가 뭔가?

나는 꼭 빈 종이에 필기를 하면서 책을 읽는 습관이 있다. 책의 두께에 따라 차이는 있겠지만, 보통 책 한 권을 읽으면 A4 용지로 20장 정도의 필기 분량이 나온다. 필기를 하면 손도 아프고, 또 보관하기도 힘들지만 스마트폰이나 컴퓨터, 태블릿이 있어도 나는 꼭 이러한 아날로그 방식을 고집한다. 이 습관은 내가 훈련소에 있을 때 생겼다.

훈련소에 입소하면서 책을 두 권 가지고 들어갔다. 하나는 사이먼 래틀 경, 또 하나는 푸르트벵글러(Wilhelm Furtwängler)의 평전이었다. 훈련소에 들어가면 외부에서 가지고 온 책을 압수한다는 정보를 미리 전해 들은 터라 혹시나 책을 빼앗길까 봐 조마조마 했는데, 그새 정책이 바뀐 모양이었다. 내 책에는 아무도 관심을 갖지 않았다.

음악이라고는 애국가와 군가밖에 없는 답답한 한 달의 훈련소 생활 중 그나마 손꼽아 기다렸던 것은 훈련을 받지 않는 주말 시간이었다. 주말이 되면 대부분의 전우들은 오전, 오후로 나뉘어 종교 활동을 하러 갔다. 나도 따라서 가 볼까 했지만 괜히 왔다 갔다 하기도 귀찮을뿐더러 내게는 읽어야 할 책이 있었다. 종교도 없는 주제에 놀기 위해 종교 활동을 나갈 필요는 없을 것 같았다. 2주차, 3주차에도 계속 종교 활동을 나가지 않자 훈련소 조교가 이상하다는 듯이 "139번 훈련병은 종교 활동 안 가나?" 한 적도 있다.

전우들이 종교 활동을 나가면 생활관은 조용해졌다. 나와 같은 비종교인 전우들이 몇몇 남아 있을 뿐이었다. 국방부의 시계는 거꾸로 매달아도 간다더니, 생활관 평상에 책상을 펴놓고 조용히 책을 읽고 있으면 시간이 그렇게 잘 갈 수가 없었다. 왼쪽에는 책을 펴고, 오른쪽에는 관물대에 있던 초록색 군용 편지지를 메모지 삼아 펼쳐 놓고는 중요한 대목을 끼적거렸다.

그전부터 나를 유심히 관찰했던 모양이다. 일요일 오전, 조교가 다가오더니 "훈련병은 오늘도 독서하나?"라고 물었다. 그렇다고 대답했다. 그러자 조교는 또 물었다.

"푸르트벵글러가 뭔가?"

그새 책 제목도 훑어본 모양이다. 전설적인 지휘자라고 소개하자 조교는 별말 없이 생활관을 한 바퀴 슥 둘러보더니 다시 나갔다. 몇 분이나 지났을까, 조교가 다시 생활관으로 들어왔다. 푸르트벵글러가 괴링과 괴벨스를 상대로 알력 다툼을 벌이는 흥미진진한 대목을 읽던 찰나였다. 구부정한 자세를 바로 고쳐 다시 허리를 꼿꼿하게 펴고 앉았다. 관물대에 편하게 기대서 책 좀 읽으려고 하는데 자꾸 훼방 놓는 것 같아 조금 언짢아졌다.

"훈련병은 음대 다니다가 왔나?"

또다시 질문을 던지는 조교에게 음악을 좋아

하게 된 배경을 간단하게 설명했다. 조교의 눈빛이 반짝였다. 다른 조교들이 종교 활동을 인솔하러 나가서 안 그래도 심심하던 참이었다며 잠깐 얘기 좀 하자고 했다.

지금쯤 전우들이 즐기고 있을 종교 활동보다도 더 치열한 클래식 음악 포교 활동이 생활관 한편에서 시작됐다. 연주할 줄 아는 악기가 있는지, 사회에 있을 때 음향기기는 어느 제품을 썼는지, 연주회는 어디서 보는지, 음악회 티켓 가격은 보통 얼마나 하는지 등을 물어보는 조교에게 친절하게 답해 주었다. 클래식 음악에 대해 관심을 갖고 먼저 물어봐 주는 사람들을 만나기 힘든 만큼, 한 명이라도 더 클래식 음악 동지를 만들고 싶었다. 조교는 다음번에 휴가를 나가면 꼭 클래식을 한번 들어 보겠다며 고맙다는 말을 건넸다.

고맙기는 뭘, 내가 더 고맙지.

클래식은 프리패스

세계적인 레코드 레이블 그룹에서는 국내에서 매년 한 차례씩 음반을 파격적으로 할인하여 판매하는 오프라인 행사를 개최하고는 한다. 오전 10시에 시작되는 행사라, 한 시간 전에 미리 가 있으면 여유 있게 들어가겠지 싶어 나름 서둘러서 압구정동의 행사장으로 향했는데 이미 줄이 두 겹, 세 겹으로 늘어서 있다. 우리나라에서 음악을 좋아하는 사람들은 다 모인 듯했다. 입장이 시작된지 두 시간이 흘렀는데도 아직 행사장 입구는 구경도 못한 채 서 있었다. 같이 간 친구는 다리가 아프다며 아예 길바닥에 철퍼덕 앉아 버렸다.

줄이 조금씩 줄어들어 드디어 행사장 입구가 시야에 들어오기 시작했다. 행사장을 나오는 사람들의 손에는 다들 음반이 몇 장씩 들려 있었다. 음반들의 표지를 살펴보는데, 놀랍게도 클래식 음반은 단 한 장도 보이지 않았다. 클래식이 이렇게 인기가 없나 하는 안타까운 마음도 잠시, 순간 아이디어가 떠올랐다. 행사장 스태프에게 말을 걸었다.

"저, 다른 음반들은 안 보고 클래식 음반만 볼 생각인데 혹시 별도로 입장이 가능할까요?"

스태프가 잠시만 기다리라고 하더니, 행사장 안으로 들어갔다. 얼마나 지났을까, 다시 밖으로 나온 스태프가 큰 소리로 외쳤다.

"혹시 클래식 음반만 보실 손님 계세요? 다른 음반은 안 보고 클래식 음반만요!"

"네!"라는 대답과 함께 손을 번쩍 들었다. 주위를 슥 둘러보니 나밖에 없었다.

"손님 먼저 들어오세요."

'헉.' 혹시나 해서 물어본 건데 진짜 됐다. 클래식은 프리패스라니, 참 웃기면서도 슬픈 현실이다. 팝 음악 부스는 사람이 미어터져 발 디딜 틈이 없는데 클래식 음반 쪽은 손님의 수가 판매하는 점원의 숫자보다도 적었다. 나를 정말 반갑게 맞이해 준 것으로 보아 점원들도 손님을 기다렸던 모양이다. 이리저리 음반들을 구경했다. 거의 반값 수준으로 할인하는 신보들, 염가로 재고처리하고 있는 박스 CD 음반들이 널려 있었다. 이렇게 좋은 것들을 왜 사러 오는 사람들이 없나, 의문이 들 정도였다.

이런 기회가 언제 다시 올지 모른다. 한정된 예산 안에서 음반을 사리라는 다짐은 이미 까먹은 지 오래였다. 눈에 걸리는 대로 음반들을 집어 들었다. 안 그래도 저렴한 가격인데 많이 산다고 할인율을 더 올려 주었다. 선착순으로 10명에게만 준다던 사은품도 아직 다 소진되지 않은 모양이었다. 바흐의 얼굴을 본뜬 램프와 피아니스트 조성진의 친필 사인 음반, 공짜 커피까지 사은품으로 받았다. 안 그래도 힘든 가게를 기둥까지 뽑아가는 느낌이 들어 살짝 미안하기는 했지만 준다는 것을 굳이 마다할 필요는 없었다.

좋으면서도 마음 한편이 씁쓸해졌다. 우리나라에 클래식 음악을 듣는 사람이 이렇게 없나 싶은 생각 때문이었다. 이러다가 언젠가는 클래식 음반을 찾아볼 수 없는 끔찍한 세상이 올지도 모른다. 집에 돌아와 노트북을 펴고 오늘 산 클래식 음반들에 대한 소개를 블로그에 주저리주저리 썼다. 할 수 있는 일이 이런 것밖에 없어서 아쉽지만, 어쩌겠는가. 이렇게 하다 보면 언젠가 나도 '대중의 클래식화'에 기여할 날이 오겠지!

잠이 오나, 잠이 오지 않나

말러 교향곡을 유독 차 안에서 자주 듣게 된다. 특히 지방 교향악단의 공연을 관람하고 다시 집으로 올라오는 새벽이면 말러만 한 졸음운전 예방약이 없다. 지휘자의 해석에 따라 크게 부각되기도, 부드럽게 흘러가기도 하지만 말러의 작품은 듣는 이들에게 끊임없이 새로운 자극을 선사한다.

이러한 경향이 말러의 음악세계에서 얼마나 두드러지냐 하면, 음악 사회학자 테오도어 아도

르노(Theodor Adorno)가 '파현(Durchbruch)'*이라는 개념으로 말러의 교향악을 특징지었을 정도이다.

예를 들자면, 교향곡 1번 1악장은 〈어느 떠돌이 직공의 노래(Lieder eines fahrenden Gesellen)〉**라는 하나의 '거대 주제'에 의해 나뉜다.*** 이 주제가 힘을 얻어 돌진하다가 급작스러운 파현을 맞이하면서 악상이 반전된다.

교향곡 4번(Symphony No. 4 in G major) 3악장의 코다에서는 잔잔히 끝맺을 것만 같았던 곳에서 예기치 못한 '파현'이 등장하여 관객들을 움찔하게 만든다. 이후에 말러는 더욱 과감해진다. 교향곡 6번(Symphony No. 6 in A minor)의 마지막 악장, 이제는 거대한 망치까지 동원하여 극적인 파현을 만들어 낸다. 그것도 두 차례나 말이다.(이마저도 원

* 기존의 흐름이나 체계를 급작스레 무너뜨리는 '완전히 새로운 것에서 오는 이질감'을 나타내는 개념. 말러의 작품에 대한 아도르노만의 표현이다.

** '방황하는 젊은이의 노래'라고 번역되기도 한다.

*** 말러는 자신의 교향곡 1번에 이전에 작곡한 가곡 <어느 떠돌이 직공의 노래>의 일부 선율을 재활용했다. 이와 같이 가곡과 교향곡의 오묘한 조합은 말러의 작품세계를 관통하는 하나의 커다란 특징이다.

래는 세 차례였던 것을 개정을 거쳐 한 차례 삭제한 것이다.)

이 때문에 이미 말러의 작품을 자주 접해 익숙해진 나로서도 말러의 교향곡을 들으면서는 긴장의 끈을 놓을 수가 없다. 악상이 언제 어디로 튈지 모른다. 늘 귀를 활짝 열고 대비해야 한다.

아이러니하게, 잠이 오지 않을 때에도 말러를 듣고는 한다. 내가 말러에 입문하게 된 계기이기도 한 교향곡 5번(Symphony No. 5 in C-sharp minor)의 4악장 '아다지에토(Adagietto)'를 틀어 놓으면 그렇게 잠이 잘 올 수가 없다. 루키노 비스콘티(Luchino Visconti) 감독의 영화 〈베네치아에서의 죽음〉(1971)의 배경음악으로도 사용된 이 음악은 교향곡 9번의 4악장 '아다지오(Adagio)'와 더불어 말러의 작품 가운데 가장 아름다운 선율을 품고 있는 보석과도 같은 악장이다.

자욱한 안개가 낀 몽환적인 베네치아의 바닷가 풍경을 떠올리게 하는 이 음악은 그저 순수한 아름다움으로만 쓰인 음악이다. 언제 들어도 좋은 작품, 그래서 내가 더 좋아하는 작품이다.

초등학교 1학년,
바흐의 평균율 클라비어를 만나다

교생실습을 얼마 앞둔 수학교육론 강의 시간, 교수님께서 과제를 하나 내 주셨다. 실습 기간 동안 현장에 나가 아이들을 대상으로 연구 프로젝트를 진행하는 대형 과제였다. 남들과 겹치지 않는 독특한 연구 주제를 정해야 했다. 내가 맡은 반은 1학년. 순간 '모차르트 효과'*가 떠올랐다. 최근 들어서는 음악에 대한 단순한 노출이 정서

* 신생아나 유아에게 모차르트 음악을 들려주면 지능 향상과 정서, 예술성 함양에 도움이 된다는 이론이다.

적이나 학업적으로 별다른 효과를 주지 못한다는 학계의 의견이 지배적이지만, 음악은 어떻게든 아이들에게 영향을 미칠 것 같았다.

실험 설계를 조금 더 구체화했다. 2주 동안 우리 반 아이들에게는 '규칙성이 강한 클래식 음악'만을 들려주고, 옆 반 아이들에게는 무작위로 클래식 음악을 들려준 뒤, 수학 영역에서 '규칙 찾기'와 관련된 문제 해결 능력이 어떻게 변화하는가를 관찰하기로 했다.

처음으로 아이들에게 들려줄 규칙성이 강한 음악은 라벨의 〈볼레로(Boléro, M. 81)〉였다. 타악기의 오스티나토(Ostinato)*, 그리고 동일한 형태의 주제 악상이 시작부터 끝까지 단 한 번도 일탈하지 않고 악곡을 이끌어 나가는 작품이다. 그러나 곧 부작용이 나타났다. 음악이 너무 시끄러웠다. 아무래도 대편성 교향악이다 보니 교실에서 배경음악으로 쓰기에는 무리가 있었는데, 이를 미처 생각하지 못한 것이다.

---

* 어떤 일정한 음형을, 악곡 전체에 걸쳐, 같은 성부에서, 같은 음고로 끊임없이 되풀이하는 것

소규모 편성이면서도 규칙성이 강한 음악, 바흐의 〈평균율 클라비어 곡집〉이 대안으로 떠올랐다. 이번에는 부작용이 없었다. 아이들도 점차 음악에 익숙해진 듯 보였다.

2주간의 실습이 끝날 무렵, 결과를 확인하기 위해 문제 해결력 검사를 했다. 결과는 가히 충격적이었다. 옆 반 아이들의 문제 해결력이 오히려 더 큰 폭으로 상승한 것이다. 통제하지 못한 변인이 너무 많았다. 아이들이 하교 후에 어떤 학습활동을 하는지도 몰랐고, 두 반의 진도가 같은지 다른지도 모르는 일이었으며, 무엇보다도 우리 반은 2주 동안 교생에게만 수업을 받은 반면, 옆 반 친구들은 담임선생님에게 수업을 받지 않았던가.

실습 마지막 날, 이 결과를 어떻게 발표해야 하나 암담한 심정으로 앉아 있는 나에게 건넨 한 아이의 인사가 큰 위로가 되었다.

"선생님, 좋은 음악 들려주셔서 감사합니다."

그래, 아이들이 좋았으면 된 거지 뭐.

비행기에 타면 가장 먼저 확인하는 것

10시간 남짓 장거리 비행을 할 때 가장 중요한 것은 무엇일까? 좌석의 편안함과 기내식의 맛도 중요하지만, 나에게 가장 중요한 것은 '기내 엔터테인먼트 시스템에 어떤 음악들이 담겨 있는가'이다. 장거리 비행만큼 새로운 클래식 레퍼토리를 만들기 좋은 환경이 없다. 내 스마트폰의 음악 재생 목록에는 이미 너무나도 잘 알고, 좋아하는 작품들만 들어 있기 때문에 새로운 음악을 찾아 듣기가 쉽지 않은 반면, 낯선 비행기의 엔터테인먼트 시스템에는 내가 여태껏 들어 보지 못했던 작품들이 함께 담겨 있기 때문이다. 가만히 앉은 채로 심심하게 10시간을 비행할 수는 없으니, 우선 앨범 표지를 보고 가장 맘에 드는 것부터 차례로 쭉 들어 본다. 그러다 보면 앞으로 재생 목록에 새롭게 추가될, 보석과도 같은 훌륭한 작품들을 만나게 된다.

적절한 선곡은 여행을 더욱 특별하게 만들어 준다. 모스크바로 날아가는 러시아항공 비행기 안에서 듣는 라흐마니노프의 피아노 협주곡, 뉴욕으로 가는 비행기 안에서 듣는 뉴욕 필하모닉과 번스타인(Leonard Bernstein)의 말러 교향곡 2번 〈부활〉은 여행지로의 이동을 더욱 설레게 만들어 준다.

안타깝게도, 클래식 음악이라는 장르가 세계적으로 그리 대중적이지는 않다 보니 수록 앨범이 많지는 않다. 심지어 그마저도 종종 트랙 순서가 뒤바뀌어 있거나 앨범 정보가 잘못 적혀 있는 경우도 있다. 중국의 어느 항공사는 생산한 지 1년도 채 되지 않은 최신기종인 B787 비행기의 엔터테인먼트 시스템에 명반으로 잘 알려진 카를로스 클라이버(Carlos Kleiber)의 베토벤 교향곡 5번 앨범(심지어 음반 표지에 클라이버의 모습이 그려져 있다)을 구스타보 두다멜(Gustavo Dudamel)의 것이라고 잘못 표기해 놓기도 했다. 클래식 애호가 입장에서는 참 민망한 실수가 아닐 수 없다.

이거 브람스 아니야?

대학교 1학년 무용 시간, 기말 팀 과제로 5분 길이의 창작 무용을 선보이게 됐다. 우리 팀은 디즈니의 애니메이션 〈인사이드 아웃〉(2015)에서 영감을 얻어 걱정, 슬픔, 분노, 기쁨의 4개 감정을 무용으로 표현하는 프로그램을 기획했다. 내가 음악에 관심이 많다는 사실을 이미 잘 알고 있는 팀원들은 내게 음악 구성을 부탁했다. 당연히 기쁜 마음으로 부탁을 받아들였다. 기숙사로 돌아와 본격적인 고민을 시작했다.

에두아르트 한슬리크(Eduard Hanslick)의 형식미학, 즉 '음악은 형식의 예술이며, 형식 그 자체가 음악이다'라는 사상이 등장하면서 '음악은 인간의 특정한 감정을 표현한 예술'이라는 이전의 감정 미학을 밀어냈지만, 이때의 나는 철저히 감정 미학적으로 접근하여 각각의 주제에 가장 잘 어울리는 작품을 찾아내야만 했다. 조금씩 후보군이 추려졌다. 먼저 그리그의 〈페르귄트 모음곡(Peer Gynt Suite No. 1, Op. 46)〉 가운데 '아니트라의 춤(Anitra's Dance)'이 '걱정'의 테마로 결정됐다. 헨델의 〈사라방드(Keyboard suite in D minor, HWV 437-4. Sarabande)〉를 '슬픔'의 테마로, 드보르자크의 〈슬라브 무곡(Slavonic Dances, Op. 46)〉 가운데 9번 곡을 '기쁨'의 테마로 정했다. 이제 '분노'가 남았다. 안무를 곁들일 수 있는 춤곡 형식의 작품 가운데 '분노'와 어울리는 것이 뭐가 있을까 한참을 고민하다가 브람스의 〈헝가리 무곡〉 가운데 첫 번째 작품(Ungarische Tänze No. 1 in G Minor, WoO 1)을 골랐다.

최종 리허설 시간, 각 팀들의 안무를 점검하던 교수님은 유독 우리 팀 구역에서 시간을 많이 보내고 계셨다.

"이거 브람스 아니야?"

이름은 '무곡'이지만 사실 연주회용 작품인 브람스의 〈헝가리 무곡〉을 듣고는 선곡이 의아하셨던 모양이다. 우리 팀의 주제를 설명 드렸더니 껄껄 웃으시며 재미있는 아이디어라 기대가 크다고 하셨다.

최종 발표가 끝나고 교수님의 피드백이 뒤따랐다.

"음악이 안 어울릴 것 같았는데, 은근히 어울리네."

속으로 대꾸했다. '그럼요, 교수님. 제가 음악 찾느라 얼마나 고생을 했는데요.'

추운 겨울날의 작은 휴식처

인하대학교 입학처 사회복무요원이었던 내게 특명이 떨어졌다. 고사 당일, 학부모 대기실을 전적으로 담당하라는 것이었다. 추운 겨울날, 아이들을 고사장으로 들여보낸 학부모들이 추위와 긴장된 마음을 녹일 작은 휴식처를 특별하게 만들고 싶었다.

그런데 내가 할 수 있는 일은 많지 않았다. 사용할 수 있는 집기라고는 자그마한 테이블 두 개와 큰 전기 포트 하나, 그리고 컴퓨터 한 대뿐이었다. 사무실에서 달달한 초콜릿과 과자를 잔뜩 들고 와서는 테이블 위에 가지런히 정렬했다. 전기 포트 안에 물을 가득 채워 데우는 일도 잊지 않았다. 커피믹스도 종류별로 줄 세워 놓고, 시원한 물을 찾을 학부모들을 위해 작은 생수들도 테이블 위에 넉넉히 올렸다. 난방기를 일찌감치 틀어 놓아 대기실 안의 공기도 적당히 훈훈하니 이제 준비가 다 된 듯싶었다.

그런데 아직 뭔가가 허전하다. 방 안을 채워 줄 음악이 필요했다. 대기실 안의 컴퓨터와 내 스마트폰을 연결한 뒤, 잔잔한 클래식 음악을 찾아 리스트를 만들었다. 모차르트의 음악이 대부분이었다. 피아노부터 플루트, 클라리넷, 오보에, 호른까지 모차르트가 작곡한 협주곡이란 협주곡은 싹 끌어 모았다.

시험이 시작되고, 학부모들이 하나둘 대기실로 들어오기 시작했다. 긴장도 되고, 공기도 따뜻하고, 잔잔한 음악도 흐르니 잠깐 눈 붙이기에 이만큼 적절한 환경도 없을 것이다. 대부분 학부모들이 쪽잠을 청하고 있는데, 재생목록의 다음 음악이 모차르트의 피아노 협주곡 20번(Piano Concerto No. 20 in D minor, K. 466)이었다. 아무리 모차르트라도 편안한 숙면과는 조금 거리가 먼 음악이다. 혹시나 누구 하나의 잠이라도 깨울까 싶어 재빨리 2악장으로 넘겼다. 다행히도 방송사고 없이 자연스럽게 트랙이 넘어갔다. 라디오 DJ의 심정이 이런 것일까. 선곡하는 재미가 쏠쏠했다.

나중에 기회가 된다면 진짜 라디오 DJ도 한번 해 보고 싶다.

더운 여름날에는 아이스 아메리카노에 호두까기인형!

무더운 여름날, 에어컨을 마음껏 빵빵하게 틀고 싶은데 그럴 수 없는 상황이 종종 있기 마련이다. 가장 서글펐을 때는 학창시절이었다. 특히 체육시간에 운동장에서 땀을 뻘뻘 흘리고 들어왔는데 켜 놓고 나갔던 에어컨을 에너지 절약이랍시고 누군가 꺼 놓는 경우가 종종 있었다. 다시 막 가동한 에어컨이 교실을 금방 시원하게 해 줄 리가 없다. 그래서 에어컨 밑은 시원하게 웃통을 벗은 친구들의 육체미 대회장이 되곤 했다.

이럴 때면 나는 땀 냄새를 피해 조용히 교실 한편으로 피신했다. 조용히 이어폰을 귀에 꽂고 차이콥스키의 〈호두까기인형 모음곡(The Nutcracker Suite, Op. 71a)〉을 듣다 보면 조금은 더위가 가시는 것 같은 플라시보 효과를 볼 수 있었다. 눈 내리는 크리스마스 이브를 배경으로 하는 발레 작품 〈호두까기인형〉의 장면을 머릿속으로 상상하는 것이다.

차이콥스키가 남긴 세 개의 발레 음악(〈호두까기인형〉, 〈백조의 호수(Swan Lake, Op. 20)〉, 〈잠자는 숲 속의 미녀(The Sleeping Beauty, Op. 66)〉를 말한다.)은 하나같이 모두 걸작이지만, 그중에서도 〈호두까기인형〉은 버릴 음악이 하나 없을 정도로, '작은 서곡'부터 '마지막 왈츠'까지 모든 수록곡이 대표곡이 되는 흔치 않은 경우다. 이 때문에 호두까기인형 모음곡을 한 번 듣기 시작하면 중간에 끊기가 참 힘들다. 정확히는, '끊기가 싫어진다.'

요즘도 종종 이 방법을 써먹고는 한다. 입에는 아이스 아메리카노 한 잔, 귀에는 호두까기인형 모음곡. 무더운 여름을 나는 최고의 피서 방법이다.

그 티켓, 다시 주세요!

대학교 음악실기 강의 시간, 교수님께서 과제답지 않은 과제를 하나 내 주셨다. 이번 학기 중에 한 번 이상 음악회에 다녀온 뒤, 소감문을 작성하여 티켓과 함께 제출하라는 것이었다. 내게 이런 것은 과제도 아니다. 이번 학기만 하더라도 이미 수차례 음악회에 다녀왔고, 다녀올 때마다 블로그에 관람 후기까지 정성스레 써 놓은 터였다. 그저 마음에 드는 후기만 하나 골라서 티켓과 함께 제출하면 되는 것이었다.

그런데 왜 하필 골라도 꼭 그 공연을 골랐나 싶다. 가장 인상 깊게 관람해서였을까, 2017년 4

월 14일, 원주시립교향악단의 교향악축제 공연이었다. 그때까지만 해도 그저 하나의 평범한 공연이었지만, 상황이 크게 바뀌었다. 두 달 뒤, 그날 공연의 협연자였던 피아니스트 선우예권이 반 클라이번 국제 피아노 콩쿠르(Van Cliburn International Piano Competition)에서 우승을 차지한 것이다. 심지어 우승 프로그램도 그날 들었던 것과 똑같은 라흐마니노프의 피아노 협주곡 3번(Piano Concerto No. 3 in D minor, Op. 30)이었다. 그날, 나는 의도치 않게 역사적인 현장에 있었던 것이다.

후회막심이었다. 그 역사적인 티켓을 이렇게 떠나보낼 수는 없었다. 교수님께 찾아가서 자초지종과 함께 그 티켓을 꼭 다시 돌려주셔야 한다는 부탁을 드렸다. 가는 날이 장날이라고, 원래는 수강생들의 제출물을 가방 속 파일에 보관하는데 그날따라 교수님이 가방을 안 들고 왔다고 하셨다. 다음 주에는 꼭 갖다 주셔야 한다고 신신당부를 드리고서야 교수님을 놓아 드렸다. 혹시나 잃어버리지는 않으셨을까 얼마나 불안했는지 모른다. 다행히도 교수님은 그다음 주에 티켓을 다시 돌려주셨다. 손때 하나 묻지 않은 채로 말이다. 너무 감사하다고 인사를 드렸다.

아직도 그 티켓을 내 책상 서랍에 고이 모셔 놓고 있다. 그저 평범한 한 장의 티켓이 아니다. 내가 역사적인 순간에 있었다는 사실을 증명해 주는 증거이자 너무나도 소중한 추억이 담겨 있는 증표이다.

사인 스타일, 연주 스타일

종종 연주회가 끝나고 깜짝 사인회가 열릴 때가 있다. 보통 나는 이런 깜짝 이벤트에 잘 대비해 두는 편이다. 언제 어디서 어떤 기회가 생길지 모르므로 그날 연주하는 협연자의 음반이 있다면 꼭 하나씩 챙겨 간다. 프로그램북이나 공연 포스터에 사인을 받을 수도 있지만 아티스트의 음반에 사인을 받는 것이 예의라고 생각한다. 내가 그만큼 그 아티스트에게 관심을 갖고 있음을 보여주는 것이기 때문이다.

같은 작품을 연주하더라도 연주자의 스타일에 따라 그 결과물은 매우 다른 모습으로 나타나기 마련이다. 속주가 편한 연주자는 속주를, 빠르기보다 감정 전달에 더욱 자신 있는 연주자는 섬세한 셈여림 조절이나, 레가토 주법* 등을 활용하여 프레이징을 살리는 유연한 연주를 하는 등 말이다. 자신에게 유리한 스타일을 추구하는 것도 있겠지만 아마 연주자 자신의 성격이 반영된 결과이기도 할 것이다. 그리고 이 성격은 사인을 할 때에도 그대로 반영된다.

'건반 위의 검투사'라는 별명을 가진 발렌티나 리시차(Valentina Lisitsa)가 협연하는 브람스의 피아노 협주곡 2번(Piano Concerto No. 2 in B-flat major, Op. 83)을 들으러 간 날이었다. 관능적인 브람스의 협주곡에 리시차 특유의 맹렬한 연주가 더해졌고, 앙코르 곡으로 리시차의 특기인 속주가 가장 잘 표현될 수 있는 작품인 리스트의 〈헝가리 광시곡 2번(Rhapsodie Hongroise No. 2 in C-sharp minor, S.244/2)〉이 연주됐다. 공연이 끝나고 리시차에게 사인을 받는데, 사인하는 손길마저도 어찌나 강렬한지, 앨범 재킷이 뚫릴 기세로 펜대를 꾹꾹이 세

---

* 음들을 매끄럽게 이어 연주하는 주법

워 자신의 이름을 각인했다. 건반 위의 검투사는 사인할 때에도 검투사가 되는 모양이었다.

파바로티와 쿠렌치스

수많은 음반들이 쏟아지는 요즘, 특히나 한정된 레퍼토리 안에서 승부해야 하는 클래식 음반의 세계에서, 자신만의 브랜드를 만드는 것은 아주 중요한 일이다. 베토벤 교향곡 5번 음반만 해도 전 세계에 수백, 수천 개가 될 것이다. 그중 사람들에게 기억되는 음반은 아주 일부분이다.

귀가 예민하지 못한 나지만, 유일하게 목소리만 듣고 구분할 수 있는 성악가가 있다. 전설적인 테너 루치아노 파바로티(Luciano Pavarotti)이다. 단순히 많이 들었기 때문만은 아니다. 파바로티의 목소리에는 다른 테너들과 구분되는 독특한 음색이 있다. 그가 역사상 가장 위대한 테너가 된 데에는 이 점도 큰 역할을 했을 것이다.

파바로티가 자신의 목소리로 브랜드를 만든 것처럼, 독특한 교향악 음향으로 자신만의 브랜드를 만들어 나가는 지휘자가 있다. '지휘계의 이단아'라고도 불리는 테오도르 쿠렌치스(Teodor Currentzis)이다. 독특한 헤어스타일에 독특한 복장으로 포디움에 오르는 그의 모습만 봐도 곧바로 그가 범상치 않은 지휘자임을 알아차릴 수 있다.

쿠렌치스는 자신만의 독특한 음향을 완성시키기 위해 러시아 변방의 작은 도시에서 특별한 프로젝트 오케스트라를 창단했다. 이렇게 탄생한 무지카에테르나(MusicAeterna)와 쿠렌치스의 조합은 클래식 음반 시장에 신선한 충격을 안겨 주었다.

내가 처음 쿠렌치스를 접한 것은 모차르트의 레퀴엠 음반을 통해서였다. 유난히 적은 울림과 거친 해석에 충격을 금치 못했다. 썩 유쾌한 감상은 아니었다. 그런데 참 신기하게도 종종 이 음반이 생각날 때가 있다. 다른 음반에서는 절대로 느낄 수 없는 독특한 감상을 쿠렌치스와 무지카에테르나의 연주에서만 느낄 수 있기 때문이다.

앞으로도 이렇게 여러 음악가의 신선한 시도가 계속되었으면 하는 바람이다. 어쩌면 이런 시도가 지금은 많이 위축되어 있는 클래식 음반 시장에 새로운 활기를 불러일으킬지도 모른다.

도서관 음악 섹터를 완파하리라

22개월 동안의 사회복무를 마치고, 정들었던 인하대학교에 작별 인사를 하는 날이었다. 아직 반납하지 못한 책을 모두 반납하기 위해 마지막으로 도서관을 찾았다. 복무하면서 감사한 것들이 참 많았지만, 그중에서도 가장 고마운, 두고두고 감사한 것은 인하대학교의 도서관, 정석학술정보관이다.

살면서 이렇게 열심히 책을 읽어 본 적이 있을까 싶을 정도로, 복무 기간 동안 100권이 넘는 책을 읽었다. 스스로 돌이켜 봐도 어떻게 그랬나 싶다.

정석학술정보관은 2015년 홀로 독학재수를 했던 연수청학도서관 이후 두 번째로 연을 맺은 도서관이다. 첫 번째 도서관이 '선생님'으로서의 꿈을 꾸게 해 준 곳이라면, 두 번째는 '음악교육 전문가'로서의 꿈을 꾸게 해 주었다.

장서 수만 약 160만 권(2019년 기준 1,586,162 권)에 달하는 주제정보실은 총 세 개 층에 걸쳐 있는데, 2층이 '자연과학', 3층이 '인문과학', 4층이 '사회과학' 정보실에 해당한다. 나는 단연 3층 인문과학정보실을 많이 찾았다. 음악 관련 서적이 그곳에 있기 때문이었다. 책꽂이로 약 두 칸 남짓이니 전체 장서 수에 비해 음악(대중음악 제외) 관련 서적의 수가 많다고 할 수는 없다. 복무 초기, 소집해제 되기 전에 이 두 칸에 꽂힌 책은 다 읽어봐야겠다며 호기롭게 패기를 부렸는데, 모두 읽어보지는 못했지만 그래도 덕분에 살면서 가장 열심히 책을 읽었다.

베토벤, 말러, 바그너 등 작곡가들의 평전을 읽으며 내가 사랑하는 교향악에 대해 공부했다. 음악 에세이를 읽으며 다양한 음악인, 또 나와 같은 음악 애호가들이 음악을 들으며 어떤 생각을 하는지도 느꼈다. '음악' 분야에서 시작한 독서는 금세 다른 분야로 전이됐다. 음악사의 흐름을 이해하는 데 도움이 될까 싶어 세계사 책을 읽었으며, 음악과 떼려야 뗄 수 없는 종교에 관한 책, 또 미학에 관한 책도 읽었다. 장차 내가 현장에서 활용할 음악교육과 관련된 책도 읽었고, 오페라 등 클래식 음악작품의 원전이 된 고전문학도 읽었다.

2020년, 코로나 사태가 터지면서 독서 시간이 더 늘어난 경향도 있는 것 같다. 거의 일주일에 한 번 꼴로 도서관에 가서 책을 빌려 왔다. 읽다가 너무 어려워서 중간에 살포시 덮어 버린 책들도 많고, 어떻게든 독파해 보려고 한 달을 붙들고 있던 책도 있다. 반면 너무 술술 읽힌 책들도 있다. 앞으로 살면서 이렇게 열심히 책을 읽을 날들이 또 올까 싶다.

나만의 피날레

대학교 2학년, 합창지휘를 배우는 시간이었다. 나는 음악 관련 강의 시간만은 눈에 띄는 학생이 된다. 가장 앞자리에 앉아 선생님과 적극적으로 눈을 맞추는 것은 기본이요, 자그마한 과제를 하나 제출하더라도 지금껏 쌓아 온 나름의 풍부한 음악적 경험을 최대한 녹여 내려고 한다.

교육대학교에서 배우는 합창지휘는 장차 교육 현장에 나가 아이들과의 음악 시간에 요긴하게 사용될 기술이기 때문에 아주 중요하다. 선생님은, 지휘는 직접 해 봐야 익힐 수 있다고 하시면서 반복적인 실습을 강조하셨다. 나는 거의 시범 조교 역할을 도맡아서 했다. 선생님이 새로운 내용을 알려주시면 내가 가장 먼저 수강생들 앞에서 시범을 보이는 것이었다.

기말 시험을 얼마 앞둔 어느 날, 강의가 끝나고 선생님이 나를 따로 부르시고는 특별한 숙제를 내 주셨다.

"너만의 특별한 피날레 동작을 만들어 봐."

원래는 음악교육과 학생들에게만 이런 조언을 하신다면서 자신만의 피날레 동작이 있고 없고의 차이는 그 지휘자의 개성과도 직결되는 중요한 문제라고 하셨다. 곰곰이 생각해 보니 그럴 만했다. 한 악곡이 끝나는 피날레야말로 관객들의 뇌리에 가장 인상 깊게 새겨지는 순간이 아닌가. 그 날부터 나만의 피날레 동작을 개발하기 위해 몰두했다. '몸을 확 뒤로 젖혀 버릴까', '두 팔을 번쩍 들어 볼까' 다양한 시도를 한 끝에 드디어 피날레 동작을 만들었다.

왼손과 오른손을 각각 시계의 일곱 시 방향과 한 시 방향으로 펼친 뒤, 왼손은 가만히 두고 오른손을 가볍게 주먹을 말아 쥐는 동시에 몸통 쪽으로 점점 가져와서 손이 가슴 앞 쪽에 놓이는 순간, 손목의 힘을 이용해 절도 있게 주먹을 툭 끊어 주면서 아래로 내리는 것이다.

몇 번을 연습했는지 모른다. 혹여나 손이 꼬여 버리기라도 하면 다른 친구들 앞에서 망신살 제대로 뻗칠 것이 뻔했기 때문이다. 기말 시험에서 추첨으로 뽑은 과제 곡으로 바흐의 원작*을 김진환이 편곡한 〈사랑의 협주곡〉이 당첨됐다. 3/4박자인 원곡을 4/4박자로 편곡한 곡인 만큼, 자칫 집중력을 잃으면 손이 꼬이기 좋은 곡이다.

내 지휘를 채점하는 선생님의 표정이 범상치 않았다. 피날레 동작에 주목하실 것이 분명했다. 정신을 단단히 차리고 나만의 피날레를 천천히 준비했다. 두 손을 가볍게 좌우로 뻗고, 천천히 오른손을 몸 쪽으로 가져오며 주먹을 살포시 쥐어 툭 주먹을 떨어뜨렸다. 선생님이 고개를 끄덕이더니, 기분 좋은 피드백을 해 주셨다.

---

* 미뉴에트(Minuet in G major, BWV Anh. 114)

"좋습니다, 피날레가 아주 인상적이네요."

클래식 투수

얼마 전에 사회인 야구를 시작했다. 클래식 음악 말고도 다른 취미가 하나 더 생긴 셈이다. 야구와 클래식 음악은 얼핏 보면 전혀 무관한 분야로 보이지만, 닮은 점도 꽤 있다.

타석에 들어선 타자는 집 밖으로 나가기 위해 수단과 방법을 가리지 않는다. 투수가 던진 공을 치고, 가끔은 몸에 맞기도 하며, 상당한 인내력으로 스트라이크 존 밖으로 벗어나는 공을 네 번 기다리기도 한다. 그렇게 집 밖으로 나간 타자는 주자가 되어 다시 집으로 돌아오기 위해 고군분투한다.

오선보 위의 음표들도 비슷하다. 교향곡의 첫 악장에 흔히 쓰이는 소나타 형식을 보면, 최초에 제시된 주제부가 몇 개의 경과부와 발전부를 거쳐 결국 다시 돌아온다. 또 협화음과 불협화음의 관계를 보면, 악곡의 풍부함과 대비 효과를 위해 종종 삽입되는 불협화음들은 결국 다시 협화음으로 해결되어야 한다. 또 거의 대부분의 작품들이 화려한(때로는 난해한) 화성의 흐름을 따라가다가도 결국에는 대개 으뜸화음으로 마치지 않는가. 야구의 시작과 끝이 홈플레이트에 있는 것처럼, 클래식 음악의 시작과 끝은 주제악상, 그리고 으뜸화음에 있다.

야구에서의 투수는 교향악단 연주회에서의 협연자와도 같다. 반원에 가까운 부채꼴 모양의 오케스트라 배치, 역시나 부채꼴 모양인 야구장에서 중심에 있는 사람은 각각 지휘자와 포수이다. 포수와 긴밀하게 작전을 주고받는 투수에게는 경기장에 있는 다른 여덟 명의 야수들과는 차별되는 임무와 역할이 부여된다. 그래서 야구 경기를 관람하는 관중들의 시선은 대개 투수를 중심으로 움직인다. 협연자도 그렇지 아니한가. 이 점이 원래 내야수였던 내가 최근에 투수로 전향한 까닭이기도 하다.

클래식 음악회에 다녀온 소식을 자주 SNS에 올리다 보니, 이제 팀 안에서 내 별명은 '클래식 투수'가 되어 버렸다. 음악회와 야구 경기 일정이 겹쳐서 경기에 빠진 일도 비일비재하다. 처음에는 팀원으로서 미안한 마음이 굉장히 컸지만 이제 팀원들도 그러려니 하고 넘기는 분위기다. 함께 투수 조(組)에 있는 형은 오히려 나를 두둔한다.

"아니, 투수가 클래식 좀 들을 수도 있지! 그것도 훈련이야, 멘탈 훈련!"

너, 내 친구가 돼라!

세상이 참 좋아졌다. 음악 어플리케이션에 접속해서 듣고 싶은 작품의 제목만 입력하면 수십, 수백 개의 음원이 쭉 쏟아진다. 이러한 이유로 '집에서 쉽게 감상할 수 있는 음악을 굳이 귀찮게 연주회에 직접 가서 들을 필요가 있는가?' 하고 의문을 던지는 사람들도 있는 것 같다. 결론부터 말하자면, '당연히 있다.'

연주회는 음악에 대한 새로운 발견을 하도록 도와준다. 평소 별다른 감상 없이 흘려들었던 음악도 연주회장에서만 경험할 수 있는 뛰어난 음향으로 감상하면 또 다른 느낌을 주는 경우가 많다. 같은 작품이라도 연주자와 지휘자, 또 연주회장의 음향에 따라 천차만별로 달라지는 경험을 할 수도 있고, 특히나 협주곡 같은 경우에는 난생처음 들어 보는 카덴차 선물을 받게 될지도 모르는 일이다.

무엇보다도, 하나의 작품을 처음부터 끝까지 온전히 느껴 보는 경험이 필요하다. 그래서 나는 연주회에 한번 가 볼까 고민하는 친구가 있으면 반드시 갈 것을 권한다. 일단 연주회에 가면, 적어도 처음부터 끝까지 음악을 한 번 들어 보기는 할 것 아닌가.

내가 가장 좋아하는 것을 공유하고 싶은 마음은 내가 정말 좋아하는 사람들에게만 갖게 되는 특별한 마음이다. 내 경우에는 당연히 내가 좋아하는 사람들과 함께 연주회에 가고 싶다. 내 친구들 중 나와 연주회에 함께 가 보지 못한 친구가 없을 정도인데(혹시 있다면 앞으로 같이 가면 된다), 함께 연주회에 가는 일이 친구가 되기 위한 일종의 통과의례가 된 셈이다.

반응은 각양각색이다. 꾸벅꾸벅 조는 친구도 있고, 의리를 지키기 위해 어떻게든 견디려고 노력하는 친구도 있으며, 진지하게 음악을 감상하고 나와 감상을 논의하는 친구도 있다. 반응이 어떻건, 그 자리에 함께한 것만으로도 이미 나의 마음이 전달된 것이고, 또 그 친구가 내 마음을 받아 주었다는 것이기 때문에 그걸로 충분하다.

따라서, 내가 누군가에게 연주회에 같이 가자고 말하는 것은 일종의 고백이다.

"너, 내 친구가 돼라!"

참 고마운 교향악단

예전에 쓰던 USB 메모리 속에서 오래전에 썼던 공연 감상문을 몇 편 발견했다. 20년이 넘는 세월 동안 인천에 살았고, 대학생이 되기 전에 인천 밖을 벗어난 일이 손에 꼽을 정도이기 때문에, 대부분이 인천시립교향악단의 공연을 보고 쓴 것들이다. 감상문이라기보다 그저 연주 작품을 나열한 것에 불과한 문외한 시절의 것부터, 개인적인 경험이나 시대적인 배경 등을 그날의 연주와 연결시키려 했던 새내기 청중 시절, 더 나아가 악곡 자체를 나만의 시각으로 관찰, 분석하려고 시도했던 조금 더 성숙해진 감상문까지. 한 청중의 성장기를 보는 것 같은 느낌이 들었다.

지금의 내가 교향악 애호가가 된 것은 인천시립교향악단이 있었기에 가능한 일이다. 매달 열리는 정기연주회를 관람하러 다니며 다양한 작품을 꾸준히 만났고, 자연스레 교향악과 친해졌다. 본격적으로 인천시립교향악단의 연주회에 다니기 시작했던 2010년대 초반부터 지금에 이르기까지 세 명의 상임 지휘자를 만났다. 금난새 지휘자가 베토벤과 브람스, 차이콥스키 교향곡과 같은 대중적인 레퍼토리를 바탕으로 교향악을 친숙하게 만들어 줬고, 정치용 지휘자는 내게는 다소 낯설었던 브루크너나 쇼스타코비치, 엘가 등의 교향곡, 또 리하르트 슈트라우스의 교향시 등을 선보이며 광활한 교향악의 세계를 열어 줬다. 2018년 10월부터 바통을 잡은 이병욱 지휘자는 코로나 사태 등으로 무대 위에서 많이 만나지는 못했지만 탁월한 작품 해석과 완성도 높은 연주로 교향악이 만들어 낼 수 있는 감동과 전율을 유감없이 전달해 줬다.

예술회관역 6번 출구를 빠져나와 50여 개의 계단을 오르면 나타나는 대공연장. 티켓을 받고 공연장 좌석에 앉아 잠시 기다리면 무대 조명이 서서히 밝아지면서 낯익은 얼굴들이 등장한다. 숯검댕이 눈썹의 변정인 비올리스트와 곱슬머리 양지욱 첼리스트가 포디움을 둘러싼 현악 앙상블의 가장 앞자리에 앉는다. 무대 조명이 더욱 밝아지면서 새하얀 앞머리의 정덕근 악장*이 무대 위로 올라와 악단의 최종 튜닝을 이끈다. 설렘과 기대감, 또 모종의 안정감마저 느껴지는 숭고한 시간이다.

지금껏 수십 번은 만났을 그 시간. 요즘도 인천시립교향악단의 공연을 관람하기 위해 인천종합문화예술회관 대공연장에 앉아 있으면 어느 곳에서도 느낄 수 없는, 마치 우리 집이나 포근한 엄마의 품 같은 편안함을 느끼고는 한다. 누가 뭐래도, 인천시립교향악단은 내 마음속 최고의 교향악단이다.

---

* 2015년 인천시립교향악단에 입단하여 5년간 상임악장으로 재직, 2020년 12월을 끝으로 퇴임했다.

나는 한국형 엘 시스테마를 꿈꾼다

세계적으로 엘 시스테마 열풍이 불었던 시기는 다소 지났지만, 여전히 베네수엘라의 음악교육이 우리에게 주는 교훈은 유효하다. 음악, 특히 앙상블을 이루는 오케스트라 연주를 통해 아이들은 다른 교과목에서는 쉬이 배울 수 없는 것들을 배운다. 아이들은 '함께 음악을 만들어 나가는 동료'인 서로를 존중하는 법을 배우고, 목관악기와 금관악기의 음색이 다른 것과 같이 서로의 다름을 인정하는 법을 배운다. '음악'이라는 구체적인 생산물을 통한 발전과 성취, 앙상블을 맞추면서 얻게 되는 협동심, 그 결과물을 무대에 올림으로서

얻는 뿌듯함은 엘 시스테마를 통한 교육의 중심에 있다. 이것은 교육적 차원으로 그치지 않고 사회적 차원의 변화까지 이끌었는데, 이를 우리는 베네수엘라의 예를 통해 확인한 바 있다.

빈곤층 아이들에게 악기를 무상으로 임대해 주고, 방과 후에는 자원봉사 선생님을 통해 레슨과 보육을 제공하는가 하면, 체계적인 조직을 통해 아이들의 실력 향상을 도모하여 전문 유스 오케스트라를 꾸려 나간다. 그 수혜자들이 다시 선생님이 되어 엘 시스테마를 이끌어 나가는 선순환을 통해, 이 체계적인 시스템은 '범죄율'과 같은 단순한 수치뿐만 아니라 사회 전반의 분위기를 바꾸는 데 성공했다.

오선보 위의 음악이 지닌 힘은 이렇게 연주회장을 넘어 아이들의 성장에, 온 사회에 긍정적인 영향을 끼칠 수 있다. 이것이 바로 내가 한국형 엘 시스테마를 꿈꾸는 이유다. 엘리트 체육 중심의 기존 체육교육 비판에서 출발한 교내 스포츠클럽 활성화가 아이들의 건전한 성장을 도모하고 있듯이, 오케스트라와 앙상블을 통한 교육도 학교와 각 시·도의 교향악단, 또 전문 음악단체 등의 협력을 통해 충분히 실현될 수 있다고 생각한다.

이렇게 '한국형 엘 시스테마'를 실현하는 데에 보탬이 되고 싶은 것이 장차 선생님이 될 사람으로서 나의 소망이자 원대한 꿈이다. 아이들에게 직접 악기를 가르쳐 주거나, 지휘자가 되어 지휘를 해 줄 수는 없더라도, 스무 평 남짓한 작은 교실에서 초등학생 아이들에게 음악이, 그중에서도 교향악이 가진 힘과 매력을 전달하는, 클래식 음악으로의 '징검다리' 같은 존재가 되고 싶다. 어쩌면 내가 선생님이 되고 싶은 이유는 바로 여기에 있는 것일지도 모르겠다.

에필로그

클래식을 듣기 시작한 지 어언 20년, 클래식 음악에 대한 열정과 사랑은 그 누구에게도 뒤지지 않는다고 자부하지만, 이를 글로 풀어내는 것은 또 다른 문제였다. 무엇보다도, 내가 경험한 광활한 클래식 음악의 세계에서 독자들에게 전할 재미있는 글감을 골라내기가 참 어려웠다.

마땅한 주제가 떠오르지 않을 때에는 내 우상들의 지혜를 잠시 빌렸다. 베토벤도, 슈베르트도, 말러도 하나의 대 교향곡을 완성하는 가장 첫 단계에는 '동네 산책'이 있었다. 뒷산에도 올라 보고, 괜히 타지도 않을 전철역까지도 걸어 다녀도 보았다. 매일 아침저녁으로 틈틈이 동네를 산책하다 보니 글감들이 머릿속에서 쏙쏙 튀어나왔다.

나에게는 우리나라에 클래식 음악 팬들이 많아졌으면 하는 소망이 있다. 블로그를 시작한 것도, 이렇게 책을 쓰게 된 것도 사실 그 소망을 이루는 데 조금이라도 보탬이 될까 싶어서다. 지금은 이렇게 작은 발걸음에 머물러 있지만, 계속 노력하다 보면 언젠가는 '대중의 클래식화'에 더 크게 기여할지도 모를 일이다.

클래식을 듣는 사람들이 점점 줄어드는 것 같은데, 그나마 우리나라는 양호한 편이다. 외국에 나가 보면 연주회를 찾는 대부분의 관객들이 중·장년층이고, 나와 비슷한 또래의 젊은 사람들을 찾아보기가 정말 힘들다. 이러다가 정말 클래식 음악이 역사의 뒤안길로 사라지는 것은 아닌가 걱정이 될 정도로 상황이 심각하다.

우리나라에서 매년 4월 열리는 교향악 축제처럼, 특히 여름을 중심으로 외국에서 열리는 오페라 축제나 음악제 등 각종 축제에는 정말 많은 사람들이 몰리는 것을 볼 수 있다. 클래식 음악이 앞으로 살아남기 위해 나아가야 할 방향을 제시해 준다는 점에서 의의도 있지만, 이러한 현상을 바라보노라면 클래식이 점차 '일상'에서 벗어나 '특별한 행사'가 되어 가는 것 같은 인상을 지우기가 힘들다. 굳이 잘츠부르크 페스티벌이 아니어도, 뉴욕 필하모닉 내한 공연이 아니어도, 우리 주위에는 언제나 클래식 음악이 있다. 라디오가 있고, CD가 있고, 스마트폰이 있고, 동네에서 열리는 연주회들도 있다. 클래식은 절대 특별한 음악이 아니다. 가장 오래되고 낡은 음악이며, 그렇기에 언제 꺼내 들어도 부담 없는 일상의 음악이다. 독자들에게 이 글을 통해 전하고 싶은 마음은, 다만 그것뿐이다.

어쩌다 보니 클래식 애호가, 내 이름은 페르마타

초판 1쇄 발행 2021년 7월 1일

지은이 신동욱
펴낸이 강수걸
편집장 권경옥
편집 신지은 강나래 김리연
디자인 권문경 조은비
경영지원 공여진
펴낸곳 산지니
등록 2005년 2월 7일 제333-3370000251002005000001호
주소 부산시 해운대구 수영강변대로 140 BCC 613호
전화 051-504-7070 | 팩스 051-507-7543
홈페이지 www.sanzinibook.com
전자우편 sanzini@sanzinibook.com
블로그 sanzinibook.tistory.com

ISBN 978-89-6545-735-0 02670

* 책값은 뒤표지에 있습니다.
* 잘못된 책은 구입하신 곳에서 교환해드립니다.

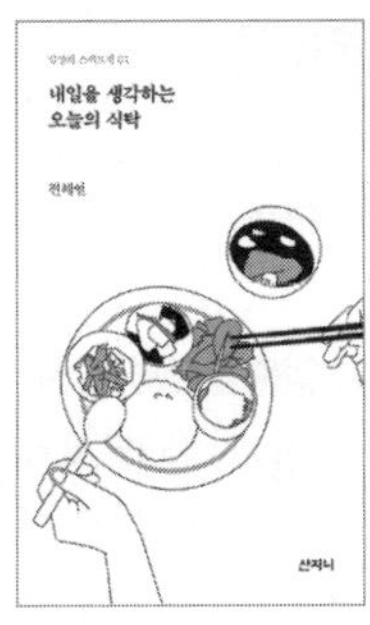

내일을 생각하는 오늘의 식탁

일상의 스펙트럼01

***조선일보/한국일보/경남도민일보 추천도서**

전혜연 지음

자신의 삶을 만들어나가는 기준, 마크로비오틱

계절에 따라 다르게 채색되는 식탁 이야기, 입맛 돋우는 싱싱한 제철 재료 이야기, 전자레인지와 일회용품 없이 사는 고집스러운 삶에 관한 이야기, 저자가 들려주는 마크로비오틱한 삶이 즐겁다.

내가 선택한 일터, 싱가포르에서 일상의 스펙트럼02

***한국일보 추천도서 *2020 청소년 북토큰 선정도서**

임효진 지음

해외취업에는 특별한 순간들이 있다

지난 6년간 저자가 경험한 싱가포르에서의 일과 삶이 솔직하게 담겨 있다. 취준생의 일상, 외국 회사의 시스템과 조직 문화, 매일 밥 먹듯 해야 하는 언어 공부, 집 구하기, 취미 활동, 연애 등 자신이 경험한 에피소드를 유머 있게 풀어낸다.

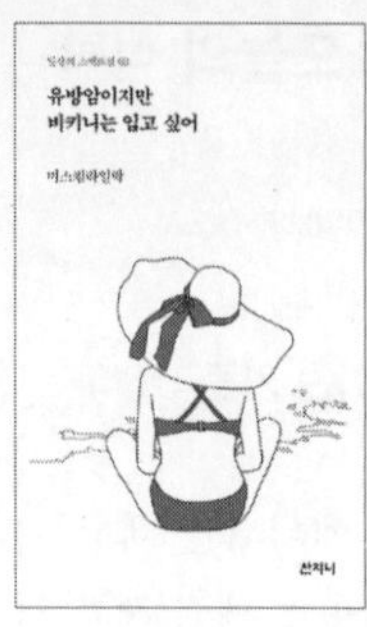

유방암이지만 비키니는 입고 싶어 일상의 스펙트럼03

***경향신문/국제신문/이데일리 추천도서**

미스킴라일락 지음

4기 암 환자의 씩씩하고 엉뚱발랄한 일상

유방암 선고를 받은 저자가 항암 치료와 재발을 경험하면서 겪은 암 환자 버전의 일상을 담은 에세이다. 자신의 블로그에 당당히 암 환자라는 것을 알리고, 암 치료 과정을 무겁지 않고 발랄하게 담아낸다. 저자는 아프기 전에는 해보지 못했던 일들을 시도하며 씩씩하게 제2의 인생을 살아가고 있다.

베를린 육아 1년 일상의 스펙트럼04

***조선일보 추천도서**

남정미 지음

아이 키우기로 베를린의 삶을 경험하다

특파원으로 일하게 된 남편과 함께 1년 동안 독일에서 지낸 경험을 담은 베를린 육아 일기다. 저자는 독일 사회가 어떻게 아이를 키우고 대하는지 아이를 존중하는 태도가 배여 있는 독일의 육아법을 전한다. 1년 동안 여행만으로는 느낄 수 없는 그곳에서의 생활을 통해 매력적인 도시 베를린을 좀 더 깊숙이 만나본다.

블로거 R군의
슬기로운 크리에이터 생활

일상의 스펙트럼05

황홍선 지음

크리에이터 R군의 좋아하는 일을
설레면서 지속하는 힘

취미가 콘텐츠가 되는 크리에이터 R군의 이야기를 통해 좋아하는 일은 지속 가능하게 하는 힘이 무엇인지 들려주고자 한다. 매일 새로운 크리에이터가 생겨나고 사라지는 무한경쟁 시대에, R군은 지치지 않고 오랫동안 콘텐츠를 만드는 이야기를 전한다.